Kopfsache!

* * * * * * * * * * * * *

Ein Buch von: **Valentina Marie Reiter**

978-3-96583-123-0   POD Taschenbuch
978-3-96583-124-7   Kindle eBook
978-3-96583-125-4   Taschenbuch
978-3-96583-126-1   Hardcover

Druck/Auslieferung:
Amazon oder eine Tochtergesellschaft

Impressum:
Cherry Media GmbH
Bräugasse 9
94469 Deggendorf
Deutschland

info@cherrymedia.de
valentina.marie-reiter@cherrymedia.de

Kopfsache!
Psychologie in der Praxis

. . . .

**Erforschen Sie Ihr Unterbewusstsein und erweitern Sie
Ihre Menschenkenntnisse**

. . . .

Ein Buch von:
Valentina Marie Reiter

Erschienen 2019

Vorwort

LIEBE LESERIN, LIEBER LESER,

schön, dass Sie sich dazu entschieden haben, mehr über angewandte Psychologie bzw. über die Psychologie in der Praxis zu lernen. Hier in diesem Buch erfahren Sie alles über Psychologie, welchen Einfluss und Stellenwert diese in unserem Alltag einnimmt. Dafür wird zunächst klar definiert, was Psychologie überhaupt ist und ein interessanter sowie spannender Einblick in die Geschichte der Psychologie geworfen. Außerdem lernen Sie, die aktuellen Perspektiven der Psychologie voneinander zu unterscheiden und wie diese in der Praxis angewandt wird. Unter anderem wird ein Blick auf Hypnose, Meditation und Gedächtnistraining geworfen und Sie lernen, was kognitive Prozesse sind und wie diese ablaufen. Auch das Thema Vererbung und der psychologische Ansatz, der sich dahinter verbirgt, werden hier detailliert behandelt, genauso, wie verschiedene sensorische Prozesse, die in den Gehirnen der Menschen ablaufen.

Jeder Mensch hat eine andere, individuelle Persönlichkeit, die es zu ergründen gilt. Dieses Buch soll zum Nachdenken und In sich gehen anregen, weshalb auch Sie gefragt sind, sich selbst zu analysieren und Ihre Gedanken zu Papier bringen – die Werkzeuge, Methoden und Techniken dazu gibt Ihnen dieses Buch an die Hand. Des Weiteren lernen Sie eine ganze Menge über andere Menschen, wissen, wieso diese lügen und können besser einschätzen, wann Ihnen jemanden einen „Bären aufbinden" möchte. So sind Sie natürlich auch in der Lage, Manipulationsversuche sofort zu entlarven und somit das Blatt umzudrehen – besonders nützlich im Privat- aber auch im Berufsleben!

Im Rahmen des Extrakapitels ganz zum Schluss des Buches, wird der Fokus ganz auf das Thema positive Psychologie gelenkt und aufgezeigt, wie es auch Ihnen möglich ist, zufriedener, glücklicher und einfach besser zu leben. Dafür erhalten Sie wertvolle Methoden und Techniken, die Ihnen nicht nur dabei helfen, innere Blockaden zu lösen und ein für alle Mal loszuwerden, sondern auch bei der Suche nach schlechten Gewohnheiten. Sie lernen, wie diese anschließend durch gute Gewohnheiten ersetzt werden – ein wichtiger Schritt auf dem Weg zu einem ausgeglicheneren, besseren Leben! Des Weiteren wird intensiv auf die Selbstliebe eingegangen, die ebenfalls ein wichtiges Puzzleteil der positiven Psychologie darstellt. Wie mehr Selbstliebe aufgebaut werden kann, was dabei zu beachten ist und welche Methoden die zielführendsten sind – das alles erfahren Sie an dieser Stelle. Außerdem lernen Sie effektive Achtsamkeitsübungen kennen, die dazu beitragen werden, dass Sie mit deutlich mehr Klarheit sowie selbstbewusster durch den Alltag gehen, sei es im privaten Bereich oder auf der Arbeit. Weitere wertvolle Sofort-Tipps für ein glücklicheres Leben, die, wie der Name bereits verspricht, sofort anwendbar sind, formen den Abschluss dieses Buches.

Nach der Lektüre verfügen Sie über ein breites Wissen über Psychologie im Alltag, kennen die Techniken, Werkzeuge und Methoden, um sich selbst zu analysieren und in Eigenregie wichtige Änderungen an sich selbst vorzunehmen und können Ihr Wissen dazu nutzen, um andere Menschen besser einzuschätzen.

An dieser Stelle, liebe Leserin, lieber Leser, wünschen wir Ihnen viel Spaß bei der Lektüre und vor allem, dass Sie aus diesem Buch viel Wissen entnehmen, dieses tatsächlich in der Praxis anwenden und somit den Grundstein für ein unbeschwertes, glücklicheres und besseres Leben legen. Ich wünsche Ihnen viel Erfolg und alles Gute für Ihre private und berufliche Zukunft – Starten Sie durch!

Ihre Valentina Marie Reiter

Inhaltsverzeichnis

XIII

Kostenfreies e-Book Inklusive

Beim Kauf jedes Taschenbuches von Cherry Media ist das
e-Book kostenfrei für Sie inkludiert. Gehen Sie dazu einfach auf

https://link.cherrymedia.de/EPUB

oder scannen Sie den QR Code oben. Auf der Seite können
Sie dann Ihren einmalig gültigen Zugangscode eingeben. Den
Zugangscode zum e-Book finden Sie auf der letzten Seite des
Taschenbuchs.

Wir wünschen viel Freude mit Ihrem kostenfreien e-Book!

Haben Sie Fragen zu Ihrem e-Book? Wir sind gerne für Sie da!

Sie erreichen Sie uns unter info@cherrymedia.de

KAPITEL EINS

Was ist Psychologie?

PSYCHOLOGIE IST EINE WISSENSCHAFT, die sich mit dem menschlichen Verhalten beschäftigt. Dabei handelt es sich jedoch um ein komplexes Thema und die Psychologie ist in viele Bereiche unterteilt. Psychologie mit naturwissenschaftlicher Ausrichtung wird auch als experimentelle Psychologie bezeichnet, die Verhaltensmuster mathematisch aufschlüsselt. Es gibt psychologische Ausrichtungen, die sich mit dem biologischen Aspekt befasst. Hier wird die gesamte Evolution betrachtet und der Mensch als Säugetier in einer Gemeinschaft gesehen. Die Psychologie als Geisteswissenschaft betrachtet das Verhalten nach einer hermeneutischer Methode. Die Psychologie mit sozialwissenschaftlichen Aspekt widmet sich dem Prozess des Lernens und des Reifens.

Generell ist die Psychologie die Wissenschaft, die sich mit dem Erleben und Verhalten der Menschen befasst. Es geht dabei um das Zusammenspiel von Verhalten, Gefühlen und Handlungen. Es wird das Wesen der Menschen erforscht und Zusammenhänge, Aktionen und Reaktionen aufgeschlüsselt und kategorisiert.

Es geht darum, sich selbst und die eigenen Taten besser zu verstehen. Psychologie ist mehr als nur die rote Couch, die man sich vorstellt, wenn es um einen Besuch beim Psychiater geht. Psychologie wird häufig als Lebenshilfe, als Rettungsanker, aber auch als Wegweiser gesehen. Egal aus welcher Perspektive man die Psychologie auch betrachtet, auf jeden Fall handelt es sich um eine spannende Wissenschaft, die in beinahe allen Bereichen unseres Lebens angewandt werden kann. Es ist auch für den Laien absolut interessant, näher in diese Wissenschaft einzutauchen. Dazu muss man nicht unbedingt die Theorien eines Sigmund Freuds studiert haben.

Was will und kann man mit Psychologie erreichen?

Psychologie ist mehr als nur Therapie und besteht auch nicht ausschließlich aus klinischen Studien. Psychologie begleitet uns auf allen Wegen. Ob im zwischenmenschlichen Bereich, Freundschaften und Partnerschaften, in der Familie oder am Arbeitsplatz, mit kleinen psychologischen Kenntnissen wird alles einfacher. Nicht nur, dass Sie sich selbst verstehen lernen, Sie können mit diesem Wissen auch Ihr eigenes Handeln steuern. Dabei kommt es in der Psychologie nur auf das Beobachten und Auswerten an. Stellen Sie sich die Psychologie wie ein abenteuerliches Kriminalrätsel vor. Es werden Fakten und Hinweise gesammelt, und diese im Anschluss ausgewertet.

Probleme können so gelöst werden, da Sie mit Hilfe der Psychologie der Ursache auf den Grund gehen. Sie entschlüsseln das Verhalten anderer und schaffen sich so einen maßgeblichen Vorteil. Dies wirkt sich vor allem in der Mitarbeiterführung positiv aus. Durch das Erkennen können Sie auf alle Menschen individuell eingehen. Sie erlangen die Kontrolle darüber, wie andere Menschen reagieren, da Sie geschickt mit Aktion und Reaktion arbeiten können.

Es gibt hunderte von kleinen Tricks, die Sie überzeugen werden, dass Psychologie auch wirklich funktioniert. Alleine das morgendliche Ritual wird Sie begeistern. Wenn Sie zu der Gruppe von Menschen gehören, die sich selbst als Morgenmuffel bezeichnen, sollten Sie für eine Weile folgendes Ritual einführen. Setzen Sie sich im Bett auf, strecken Sie sich durch und beginnen Sie den Tag mit dem Mantra: "Ich bin frisch und fröhlich, ausgeschlafen und vital!" Dabei recken und strecken Sie sich, setzen ein lächelndes Gesicht auf und stellen sich vor, wie Sie voll Elan aus dem Bett springen. Wenn Sie dies konsequent durchführen, werden Sie morgens viel besser zurecht kommen. Es funktioniert, weil Sie selbst Ihr Gehirn mit einem kleinen psychologischen Trick umprogrammieren.

Ein wunderbares Beispiel für Psychologie am Arbeitsplatz ist jenes, wenn Sie Ihrem Chef eine Idee so verkaufen, als würde es seine Idee sein. Wer kennt das nicht, der Chef ist im Nu von "seiner" eigenen Idee begeistert, die Sie Ihm aber in Wahrheit geschickt implementiert haben. Ob dies jetzt in der Kindererziehung ist oder in der Partnerschaft, Psychologie spielt immer eine große Rolle und hilft dabei, einen diplomatischen, aber zufriedenen Weg zu gehen.

Hilft Psychologie im Alltag?

Somit wären wir auch schon beim nächsten Kapitel, der Psychologie im Alltag. Selbstmotivation hat sehr viel mit Psychologie zu tun. Nicht umsonst sagt man, dass sich sehr viel im Kopf abspielt. Ängste und Sorgen werden vom Kopf gesteuert, ebenso wie Freude, Lebenslust und Motivation. Sie können sich selbst und Ihre Gedanken beliebig konditionieren.

Sie fragen sich jetzt vielleicht, wie Sie Ihre Ängste nur mit Hilfe der Psychologie in den Griff bekommen sollen? Das ist ganz einfach. Am Anfang steht immer die Frage, woher diese Ängste kommen. Wir leiden unter einer Vielzahl von Ängsten. Angst vor bestimmten Tieren, weil wir vielleicht als Kind von einem Hund gebissen wurden, oder Angst vor der Dunkelheit und engen Räumen, weil wir als Kinder, wenn wir etwas angestellt hatten, in einen dunklen engen Raum gesperrt wurden. Angst vor Verlusten und Bindungsängste haben häufig Ihre Wurzeln ebenfalls tief in der Kindheit. Fragen Sie sich doch, unter welchen Ängsten Sie leiden. *Habe ich verlustangst, weil die Scheidung sich für mich wie ein Verlust angefühlt hat?*

Dazu nehmen Sie ein Stück Papier, am besten legen Sie sich für sämtliche Aufgaben und Beispiele in diesem Buch ein eigenes Heft, einen Ordner, eine Art Tagebuch, oder eine Excel Tabelle an. Nun schreiben Sie alle Ihre Ängste auf. Das kann die Angst vor dem Sprechen vor vielen Menschen sein, die Angst vor dem Versagen, die Angst, keinen Job oder keine Freunde zu finden, oder auch die Angst, krank zu werden. Nun notieren Sie sich dazu, seit wann Sie unter diesen Ängsten leiden. Was war der Auslöser dafür? Seien Sie hier absolut und schonungslos ehrlich. Die Antwort muss auch nicht von jetzt auf gleich gefunden werden. Gehen Sie in sich, und suchen Sie nach den Antworten.

Sobald Sie wissen, woher die Ängste kommen, können Sie auch mit der Aufarbeitung beginnen. Stellen Sie die damaligen Verhältnisse den heutigen Verhältnissen gegenüber. Heute müssen Sie keine Angst mehr vor Dunkelheit haben. Niemand zwingt Sie in ein dunkles Zimmer, nur weil Sie nicht so funktionieren, wie es erwartet wird. Machen Sie sich klar, dass Sie Ihr jetziger Partner nicht aus denselben

Gründen verlassen wird, wie vielleicht der Partner davor. Suchen Sie Kontakt zu den Tieren, vor welchen Sie Angst haben. Nicht alle Hunde sind bissig, nicht alle Katzen kratzen und beißen und eine Spinne ist froh, wenn Sie sie überleben lassen.

Wenn Sie selbst überzeugt davon sind, alleine in Gedanken, so verschwinden diese Ängste schneller als Sie denken. Sie können auch die Ängste auf ein Blatt Papier schreiben, und diese verbrennen. Dazu können Sie gleich in einem Ritual die Zetteln in einem Räuchertopf mit etwas Weihrauch verbrennen. Es funktioniert aber auch, wenn Sie die Zettel im Karmin den Flammen übergeben oder die Toilette hinunterspülen. Wichtig ist nur der Gedanke. So programmieren Sie psychologisch Ihr Gehirn.

Die Geschichte der Psychologie

Die Geschichte der Psychologie geht weit zurück und die ersten bekannten Psychologen, auf deren Thesen nicht nur Sigmund Freuds Theorien basieren, waren Platon und Aristoteles. Es kamen Avicenna und Thomas von Aquin, die sich mit den Konflikten zwischen Leib und Seele befassten. Juan Huarte de San Juan mit seinen modernen Ideen der Psychologie wurde später durch Lessing bekannt.

Im Jahre 1574 wurde erstmal Psychologie auch als Wort veröffentlicht und in dem Buch von Johann Thomas Freigius wurden viele Fragen über Ethik und Logik behandelt, ebenso, wie viele Themen, die man heute eng mit der modernen Psychologie verbindet. Seit 1879 gibt es das psychologische Labor, welches für Forschungen von Wilhelm Wundt an der Universität Leipzig gegründet wurde. Nun begann der Siegeszug der Psychologie als eigenständige Wissenschaft und sie breitete sich weltweit von Deutschland aus.

Ab dem 20. Jahrhundert entwickelten sich die verschiedenen Sparten und Richtungen der Psychologie. Zu den wichtigsten zählen heute noch die psychodynamische Sichtweise, die ganzheitliche Gestaltpsychologie und der sogenannte Behaviorismus. Dabei handelt es sich um die Verhaltenslehre.

Heute teilt sich die Psychologie in noch mehr Sparten auf. Neben der medizinischen und therapeutischen Anwendung sind vor allem Meinungsumfragen, Statistiken und deren Auswertung stets mit psychologischem Aspekt zu betrachten. NLP, das Neuro-Linguistische-Programmieren wird vor allem im gehobenen Management, in der Mitarbeiterführung und in Bereichen der Selbstmotivation sehr geschätzt. All diese Weisheiten und Errungenschaften gehen jedoch auf die Thesen der Anfangszeit zurück.

DIE GESCHICHTE DER PSYCHOLOGIE

7

KAPITEL ZWEI

Die aktuellen Perspektiven in der Psychologie

BEI DEN PERSPEKTIVEN GEHT es darum, aus welchem Blickwinkel die jeweiligen Probleme oder das Verhalten eruiert werden. Jede Perspektive setzt ein anderes Verhalten, oder ein andere Denkmuster voraus. Meist werden Situationen jedoch nicht aus einer einzigen Perspektive heraus bewertet, sondern es wird eine Art Verschmelzung der unterschiedlichen Theorien angestrebt. Nur so kann das Verständnis für die menschlichen Erfahrungen, Taten und Handlungen als komplexes Ganzes erschlossen und auch verstanden werden.

Die psychodynamische Perspektive

Diese Perspektive besagt, dass sämtliches Verhalten durch innere Kräfte motiviert und angetrieben werden. Vererbte Instinkte und biologische Veranlagung dienen hier als Grundlage für Handlungen. Konflikte zwischen persönlichen Bedürfnissen und sozialen Erfordernissen werden dadurch gelöst. Laut dieser Perspektive geht es uns darum, Bedürfnisse zu befriedigen und Triebe zu reduzieren. Der berühmteste Verfechter der psychodynamischen Perspektive ist Sigmund Freud. Laut seiner Theorie wird das Handeln aller Menschen durch innere und äußere Einflüsse gesteuert. Auch lädt uns Freud dazu ein, uns von allem rationalem Denken zu verabschieden. Auch sind Handlungen laut Freud von Motiven getrieben, die jedoch nicht unbedingt von unserem Bewusstsein gesteuert werden. Laut Freud sind alle Probleme in der Kindheit verwurzelt. Die erweiterten Theorien schließen mittlerweile jedoch auch unser soziales Umfeld mit ein. Auf Freuds Theorien und die psychodynamischen Perspektiven basieren noch heute viele Ansätze und werden auch heutzutage weiterhin verwendet.

Die behavioristische Perspektive

Bei dieser Perspektive steht das Verhalten der Menschen und Tiere im Vordergrund. Hier wird ein Augenmerk darauf gelegt, wie die Umwelt zum Beispiel unser Verhalten prägt. Es wird überprüft, welche Umstände einer bestimmten Aktion vorangehen, und welche Reaktion dadurch erzeugt wird. Nach einer Handlung wird die Konsequenz der

Handlung recherchiert. Ein Beispiel aus dem Alltag für behavioristische Perspektiven ist die Überprüfung, wie sehr Strafen als Konsequenz ein zukünftiges Handeln beeinflussen. Wird durch eine Geldbusse der Delikt vermindert, oder ist diese Strafe nur nebensächlich, da der Drang zu einer Tat immer wieder größer ist.

John Watson war bis zu seinem Tod im Jahre 1958 der berühmteste Verhaltensforscher. Bei diesen Theorien werden strenge wissenschaftliche Analysen für Beweisführungen erwartet. Es wurden zahlreiche Versuche an Tieren durchgeführt, die sich laut Watson und Skinner, dem zweiten bekannten Behaviorist, auch auf Menschen ummünzen lassen. Experimentieren und Dokumentieren sind die wichtigsten Bestandteile des Behaviorismus. Heute kennt man diesen Ansatz des Behaviorismus aus der Erziehung. Markante Punkte dafür ist die positive Verstärkung, die sowohl in der Erziehung von Hunden, als auch in der Kindererziehung immer wieder zum Einsatz kommt.

Die humanistische Perspektive

Laut der humanistischen Perspektive trifft weder Freuds Theorie, noch die behavioristische Theorie zu. Laut dieser Perspektive gelten Menschen als freie Wesen und können so jederzeit und immer wählen. Carl Rogers war der berühmte Vertreter dieser Theorie. Laut ihm sind alle Menschen von Grund auf gut und die geistige Weiterentwicklung steht hier im Vordergrund.

Selbstverwirklichung, dieser Begriff wurde von Abraham Maslow geprägt. Auch heute noch sind seine Theorien der Kernpunkt oder die Quintessenz für Persönlichkeitsentwicklung. Jeder Mensch hat demnach den Drang, aber auch das Potential, sich selbst zu entwickeln. Der Einklang von Körper, Geist und Seele sind hierbei wichtiger oder eher prägend, als das soziale Umfeld und der kulturelle Hintergrund. Die humanistische Perspektive grenzt uns Menschen auch markant vom Verhalten der Tiere ab. Für die neuen Ansätze in der Psychologie spielt die humanistische Perspektive eine maßgebliche Rolle.

Die kognitive Perspektive

Im zentralen Mittelpunkt der kognitiven Perspektive stehen das Denken und die wissenschaftlich basierten Prozesse. Laut dieser Theorie entsteht jedes Handeln aus dem Grund, weil Menschen denken können. Und Menschen denken, dass sie, da sie denken können, auch zu allen anderen großartigen Leistungen fähig sind. Laut dieser psychologischen Methode werden Menschen nur zu einem Teil von der Vergangenheit und durch die Umwelt oder soziale Kontakte beeinflusst. Der Mensch hat die Möglichkeit, Optionen und Alternativen zu wählen, und muss nicht den vorbestimmten Weg gehen.

Auch die subjektive Realität, die Welt der Gedanken und der Vorstellungskraft spielen bei dieser Theorie eine maßgebliche Rolle. Wahrnehmung, Gedächtnis, Sprache, Problemlösung und Entscheidungen spielen hier zusammen. Da geistige Prozesse im Vordergrund stehen, ist diese Perspektive heute dominierend in der modernen Psychologie.

Die biologische Perspektive

Diese Perspektive kommt bei jenen Psychologen zum Zug, welche die Ursache jedes Verhaltens in Gehirn, Nervensystem und den Genen suchen. Menschen funktionieren und agieren laut dieser Theorie durch biochemische Prozesse und körperliche Strukturen. Chemische und elektrische Aktivitäten der Nervenzellen sind für das Verhalten verantwortlich. Analyse und Erklärungen sind hier der Schlüssel aller Dinge und sogar die seltensten Phänomene lassen sich dadurch auflösen. Dieses Feld der Psychologie nennt man auch verhaltensbezogene Neurowissenschaften.

Dabei wird versucht, die Vorgänge im Gehirn nicht nur zu analysieren, sondern auch zu verstehen. Sinne, Wahrnehmung, das Erlernen und auch unsere Emotionen resultieren aus diesen Vorgängen.

Die evolutionäre Perspektive

Dieser Theorie steht jene von Charles Darwin zu Grunde, welche die natürliche Selektion im Zentrum führt. Jeder kennt diese Theorie, dass nur die stärkeren Lebewesen überleben, da sich nur starke Wesen fortpflanzen und auf Dauer durchsetzen können. Diese starken Gene setzen sich durch und siegen später auch über die schwachen Gene, welche den Schwächeren weitergegeben werden. Geistige und körperliche Fähigkeiten haben sich über Jahrtausende entwickelt und die Macht gilt jenen, die sich am besten anpassen können.

Laut der evolutionären Perspektive liegt das Problem der Geschlechterrolle nicht in der heutigen Zeit. Schuld ist nicht das soziale Umfeld sondern es ist ein Produkt der jahrtausendelangen Evolution.

Die Kultur vergleichende Perspektive

Hier stehen die kulturellen Unterschiede im Mittelpunkt, um unterschiedliches Verhalten zu analysieren. Diese Theorie hat sich zum Beispiel beim interkulturellen Vergleich von Problemen als zutreffend erwiesen. So wurden zum Beispiel Ess-Störungen in Zentralamerika analysiert und Gemeinsamkeiten gefunden.

Beeinflusst unsere Sprache, die Kultur oder die Religion unser Verhalten? So soll zum Beispiel eine Theorie von Freud, die in Europa sehr zutreffend ist, nicht automatisch auf Personen im asiatischen Raum übertragbar sein. Bronislaw Malinowski, ein berühmter Anthropologe, kritisierte bereits im Jahr 1927 die Theorien Freuds aufs Heftigste. Auch sind Vertreter der kulturvergleichenden Perspektive der Annahme, dass sich das Verhalten der Menschen nicht generalisieren lässt. "Man kann nicht alle in einen Topf werfen" ist heute vielleicht die Quintessenz, die diese Theorie am besten beschreiben würde.

Perspektiven im Vergleich

Sie können nun ein Problem mit allen sieben genannten Perspektiven analysieren und werden jeweils einen anderen Ansatz finden. Während in der psychodynamischen Perspektive zum Beispiel Aggression als Resultat auf Frustration sieht, steckt die Schuld für Aggressionen bei den behavioristischen Vertretern meist in den Kinderschuhen. Kinder von aggressiven Eltern reagieren später meist auch selbst aggressiv. In der humanistischen Perspektive werden Ansatz und Lösungen in persönlichen Werten und sozialen Bedingungen gesucht. In der kognitiven Perspektive liegen den Forschungen aggressive Gedanken und Träume als Grundlage. Hier wird auch der Einfluss von gewalttätigen Spielen, Filmen und Musik untersucht. In der biologischen Perspektive werden Gehirne untersucht, die zuvor aggressiv stimuliert werden. Anhand dieser Theorie werden auch Gehirne von Schwerverbrechern analysiert, aber auch die Gehirne von Frauen während der Menstruation stehen hier immer wieder im zentralen Mittelpunkt.

In der Evolutionären Theorie wird die Evolution und die Anpassung als Grundlage dafür genommen, was den Menschen heute aggressiv macht. Im kulturvergleichenden Schema werden Aggressionen der unterschiedlichsten Kulturen verglichen. Wenn Sie nun ein bestimmtes Verhalten analysieren möchten, können Sie dies mit einem Mix aus den einzelnen Anschauungen unternehmen. Erst die Kombination dieser einzelnen Perspektiven kann zu einem schlüssigen Ergebnis führen.

Die psychologischen Perspektiven in der Zusammenfassung

Die psychodynamische Perspektive untersucht unbewusste Konflikte und Triebe. Hier wird das Verhalten als sichtbarer Ausdruck unbewusster Motive angenommen.

Die behavioristische Methode untersucht speziell gezeigte Reaktionen und analysiert das Verhalten durch Stimulation und Konsequenzen. Die humanistische Perspektive untersucht das menschliche Erleben und das Potential. Als primäre Forschungsthemen stehen hier Lebensmuster, Werte und Ziele im Vordergrund.

Die kognitive Perspektive konzentriert sich auf die Sprache und mentale Prozesse. Hier werden Schlussfolgerungen auf geistige Prozesse durch Verhaltens-Indikatoren gezogen.

Die biologische Perspektive konzentriert sich auf Prozesse, die im Gehirn und im Nervensystem stattfinden. Themen rund um biochemische und mentale Prozesse stehen hier im Mittelpunkt der Forschung. In der evolutionären Theorie werden die Fähigkeiten und Auswirkungen der psychischen Anpassung untersucht. Mentale Mechanismen werden hier als Auswirkung der Evolution erforscht.

Im kulturvergleichenden Schema werden interkulturelle Verhaltensweisen von Haltung und Auswirkung untersucht. Hier stehen im Mittelpunkt der Forschungen die interkulturellen Unterschiede und die kulturell spezifische Aspekte.

Anwendungen der Psychologie im Alltag - Freundschaften

Die Psychologie, egal aus welcher Perspektive man sie betrachtet, setzt sich stets mit unseren sozialen Kontakten auseinander. Ein wichtiger Punkt hierbei sind immer Freundschaften und das Thema warum wir diese eingehen und warum diese Freundschaften auch irgendwann einmal enden.

Mit den unterschiedlichen Analysen können Sie herausfinden, wodurch der Knackpunkt in der Freundschaft entstanden ist. Hier stehen meist Punkte oben auf der Liste, welche auf emotionaler Ebene basieren. Gebraucht und ausgenutzt werden, Verrat und Untreue sind die häufigsten Ursachen dafür, dass Freundschaften sich entzweien. Auch Eifersucht, Konkurrenz und sogar Liebe können das Aus für Freundschaften bedeuten.

Wenn Sie eine zerbrochene Freundschaft psychologisch aufarbeiten möchten, sollten Sie diese nach allen sieben Punkten analysieren. Im Anschluss sollten Sie das Enden einer Freundschaft auch als Lehre sehen. Was haben Sie durch dies Freundschaft und das plötzliche Ende gelernt? Wo lagen die Fehler? Wer hat die Fehler gemacht und wie hätten diese vermieden werden können?

Jedes Problem lässt sich mit Hilfe dieser sieben Thesen analysieren. Selbst der kulturelle Aspekt kann stets hinzugezogen werden. Dabei muss der kulturelle Aspekt nicht immer bedeuten, dass zwei Personen von unterschiedlichen Kontinenten stammen. Es kann auch kulturelle Unterschiede in Form von verschiedenen Gesellschaftsschichten geben. Eine Prinzessin im goldenen Schloss wächst anders auf als der Sohn eines armen Handwerkers. Und schon sind kulturelle Unterschiede gefunden.

Was ist die Aufgabe eines Psychologen?

Bei der Berufsbezeichnung haben die meisten ein Klischee oder einen bestimmten Stereotypen vor Augen. Der etwas ältere Psychiater sitzt mit Nickelbrille in seinem Ohrensessel aus Leder und blickt an der Pfeife oder dem Stift kauend mit gerunzelter Stirn auf den Patienten. Dieser liegt natürlich auf der roten Couch und beginnt über die Probleme mit der Familie zu erzählen. Auch haben viele Respekt oder auch Angst vor Menschen, die eine psychologische Ausbildung haben. Das resultiert einfach daraus, da sich niemand so einfach ins Gehirn blicken lassen möchte. Aus diesem Grund schieben viele auch den Besuch bei einem Psychologen hinaus, obwohl eine gezielte Therapie in vielen Fällen sehr wirkungsvoll wäre.

Doch was genau macht ein Psychologe? Natürlich befassen sich Psychologen mit den Gedanken, den Gefühlen und dem Erlebten der Patienten. Es wird eine genaue Analyse durchgeführt und dazu die sieben Perspektiven herangezogen. Manche Psychologen arbeiten mit nur einer Methode, während andere zwei oder mehrere Perspektiven kombinieren.

Ein Psychologe hilft dabei, die Ursache zu erkennen, den Einfluss auf das heutige Leben zu bestimmen und für die Zukunft zu konditionieren. Es gibt zahlreiche Psychologen für sämtliche Bereiche des täglichen Lebens. Es beginnt mit den Schulpsychologen oder Kinderpsychologen, welche zum Einsatz kommen, wenn hier grobe Probleme auftreten. Gerade in der heutigen Zeit werden immer häufiger Eltern an einen Kinder- oder Schulpsychologen verwiesen, wenn das Kind auffällig ist. Hier sollten Sie darauf achten, dass Sie einen guten Psychologen finden, der nicht nur praktische Medikamente gegen ADHS verschreibt, sondern eine gezielte Gesprächs- und Verhaltenstherapie bietet.

Arbeitspsychologen, Sozialpsychologen, Organisationspsychologen und viele mehr behandeln ihre bevorzugten Fachgebiete. Bei einem Psychologen geht es immer darum, die neuesten Forschungen mit den jetzigen Erkenntnissen zu vergleichen und eine Balance zwischen Forschung und Anwendung zu finden. Die meisten Psychologen arbeiten in ihrer eigenen Praxis, gefolgt von einer hohen Anzahl an Psychologen, die ausschließlich in der Forschung und mit dem Unterrichten beschäftigt sind. Etwa 20% aller Psychologen arbeiten in Kliniken und Beratungsstellen. Gut 10% der Psychologen sind an Schulen, Bildungseinrichtungen oder im Arbeits- und Organisationsbereich tätig.

Stets jedoch arbeiten Psychologen direkt mit den Menschen, den sogenannten Patienten, zusammen. Aus verschiedenen Fragestellungen werden Rückschlüsse gezogen, Statistiken und Expertisen zur Hand genommen und eine Antwort auf Ursache und Wirkung gefunden.

KAPITEL DREI

Psychologie in der Forschung

Die Forschung ist in der Psychologie das A und O. Hier funktioniert nichts ohne der ständigen Beobachtung, den Vergleichen, Statistiken, Tabellen und Informationen. Psychologen setzen sich in der Forschung nicht nur mit ungelösten Fragen der Vergangenheit, sondern mit auch scheinbar banalen Fragen, die jedoch das Leben vieler Menschen in Zukunft maßgeblich verändern können, auseinander.

Psychologen beschäftigen sich mit Fragen, die im Alltag aufkommen, und die uns beschäftigen. Ziel ist es stets sogenannte neue Wahrheiten zu entdecken, die das Leben in Zukunft vereinfachen sollen und neue Erkenntnisse, welche die Gesellschaft und das Zusammenleben optimieren.

Es werden Theorien und Thesen aufgestellt, die nach bestimmten Mustern verlaufen und so aufgeklärt werden können. Zu Beginn steht stets eine Beobachtung oder Feststellung. Danach wird eine Hypothese gebildet und eine Untersuchung eingeleitet. Nachdem werden die Daten ausgewertet und Schlussfolgerungen getroffen. Erst danach werden die Ergebnisse veröffentlicht und ungelöste Fragen diskutiert. Im Anschluss geht es darum, noch ungelöste Fragen zu beantworten.

Gerade in der Forschung besteht die Arbeit der Psychologen aus einer Menge an Daten, die gesammelt und Informationen, die herangetragen werden müssen. Für wissenschaftliche Studien müssen die Beweise von mehreren Forschern unabhängig überprüft werden, bevor es zu einer Veröffentlichung kommt. Erst danach kann eine Theorie bestätigt werden.

Ein weiterer wichtiger Punkt ist die Objektivität. Stellen Sie sich 10 unterschiedliche Menschen vor, die ein und dasselbe Objekt beobachten. Hier werden 10 verschiedene Beobachtungen und Meinungen zu vernehmen sein. Dies nennt man eine vom Beobachter abhängige Urteilsverzerrung, die durch persönliche Motive und Erwartungen des einzelnen Beobachters beeinflusst werden.

Egal ob etwas beobachtet, eine Rede verfolgt wird oder ein Artikel recherchiert werden soll, je mehr Menschen daran arbeiten, um so mehr unterschiedliche Meinungen wird es dazu geben. Ein sehr bekanntes Beispiel ist hier auch das berühmte Glas, das von verschiedenen Menschen als halb leer, oder auch als halb voll empfunden wird.

In der Forschung ist es daher wichtig, dass Probanden den gleichen Bedingungen und Voraussetzungen ausgesetzt sind. Dies nennt man Standardisierung. Nur so können einheitliche und nicht durch persönliche Anschauungen beeinflusste Ergebnisse erzielt werden. Auch experimentelle Methoden kommen hier zur Anwendung. Dieselbe Situation wird mit unterschiedlichen Bedingungen immer wieder neu durchgespielt, recherchiert, beobachtet und erörtert.

Durch diese Methoden können Ursachen für psychische Störungen herausgefunden werden. Bei diesen experimentellen Methoden geht es unter anderem auch darum, in wie weit brutale Spiele und Filme die Psyche der Kinder beeinflussen kann und welche Auslöser es für extreme Gewalt gibt. Auch wird in der Psychologie viel mit dem sogenannten Placebo Effekt gearbeitet. Auch hier lassen sich Rückschlüsse darauf ziehen, wie sehr die Macht unserer Gedanken und Wünsche das reale Leben beeinflussen.

Erforscht werden Themen wie unterschwellige Beeinflussung und Umweltfaktoren. Verhaltensauffälligkeiten bei Kleinkindern werden verglichen und die Entwicklung verfolgt. Die Forschung in der Psychologie nimmt einen hohen Stellenwert ein, da sämtliche Ergebnisse und spätere Behandlungen darauf basieren.

Lassen wir uns von Meinungsumfragen und Werbung beeinflussen?

Wenn Sie diese Frage jetzt lesen, werden Sie wahrscheinlich konsequent mit Nein antworten, denn jeder hält sich selbst für ein starkes Individuum mit einer festen und eigenständigen Meinung. Doch wenn Sie es sich ehrlich eingestehen, dann sind wir eigentlich doch sehr beeinflussbar. Aber es ist kein Zeichen von Schwäche, denn Werbung und auch Meinungsumfragen sollen genau diesen psychologischen Zweck erfüllen.

Bei der Werbung ist es offensichtlich. Ein Produkt kommt auf den Markt und will verkauft werden. Je öfter Sie ein Produkt im Fernsehen, in Zeitschriften oder auf Plakaten sehen, um so enger wird die Bindung dazu. Neugierde wird erweckt und man muss schon sehr konsequent sein, um nicht auf die Versprechungen der Werbung hereinzufallen. Dazu kommen die sogenannten Schleichwerbungen oder Product Placements, die uns zusätzlich davon überzeugen wollen, ein bestimmtes Produkt zu kaufen.

Diese Konzepte wurden von Psychologen erstellt und werden nun von findigen Marketing Managern verwendet. Zu Beginn steht jedoch auch hier die Forschung. Es wird ermittelt, welche Art und Weise der Präsentation die breite Masse anspricht und zum Kauf animiert.

Auch Meinungsumfragen und die Ergebnisse wurden von Forschern entwickelt und ausgewertet. Nicht nur die Ergebnisse, auch eine Meinungsumfrage selbst beeinflusst die breite Masse. Selbst wenn Sie an einer Meinungsumfrage teilnehmen, werden Sie vom Inhalt der Fragen beeinflusst. Telefonumfragen oder persönliche Interviews sind äußerst manipulativ. Wurden diese doch genau aus diesem Grund entwickelt. Besonders stark zu bemerken ist dies bei politischen Themen. Bei bevorstehenden Wahlen sitzen riesige Teams aus Psychologen, Wissenschaftlern und Marketing Experten zusammen und kreieren diese Fragen und Konzepte.

Was sind Reliabilität und Validität?

Reliabilität ist Zuverlässigkeit und Validität bedeutet Gültigkeit. Beide Aspekte sind absolut wichtig, wenn es um psychologische Messungen geht. Die Verhaltensdaten, welche gesammelt wurden, müssen absolut zuverlässig sein. Das kann nur erreicht werden, wenn unter den verschiedensten Umständen, zu unterschiedlichen Zeiten immer wieder dieselben Ergebnisse erzielt werden. Nur so sind die Messwerte vergleichbar. Ist ein Messergebnis bewiesenermaßen reliabel, so bedeutet dies, das Ergebnis wurde mit einer bestimmten Gruppe von Probanden erreicht und dasselbe Ergebnis würde auch mit jeder anderen Gruppe zu jeder Zeit wieder erreicht werden. Dabei müssen die neuen Probanden natürlich mit dem selben Datenmuster versorgt werden.

Unter Gültigkeit versteht man, dass das Ergebnis, welches erhalten wurde, auch tatsächlich der Wahrheit entspricht. Wenn man von einem validen Maß für glücklich sein annimmt, so sollte anhand dieser Daten jene Situation vorhergesagt werden, in welchen es mit ziemlicher Sicherheit zu bestimmen ist, dass die betroffene Person glücklich ist.

Was ist ein Selbstberichtsverfahren?

Bei diesem Verfahren handelt es sich um Daten, die von Forschern gesammelt wurden, welche diese nicht direkt beobachten konnten, sondern sich auf Berichte verlassen müssen. Dabei handelt es sich um psychische Zustände wie Gefühle, Überzeugungen und Einstellungen. Auch Situationen, die normalerweise nicht beobachtet werden können, müssen anhand von Selbstberichtsverfahren analysiert werden. Zu diesen Themen zählen zum Beispiel Gewaltverbrechen oder auch Geschlechtsverkehr. Situationen, in welchen es nicht angemessen wäre diese zu beobachten, müssen praktisch nacherzählt werden.

Der forschende Psychologe stellt die Fragen und verlässt sich auf die ehrlichen und aufrichtigen Antworten. Diese können sowohl mündlich, als auch schriftlich abgegeben werden. Diese Fragen und Antworten werden gesammelt und ein reliables Schema wird ausgearbeitet. Die Antworten werden gesammelt und quantifiziert, damit vergleichbare und sinnvolle Depots erhalten sind.

Fragebögen, Interviews und Umfragen sind Werkzeuge für diese Selbstberichtsverfahren. Hier werden Fragen sowohl zu Gefühlen, als auch zu Tatsachen gestellt. Ob es sich um eine politische Einstellung handelt, um den Zigaretten- und Alkoholkonsum, oder auch um die Zufriedenheit am Arbeitsplatz oder mit der Häufigkeit des Geschlechtsverkehrs - all diese Themen fallen unter diese Methode.

Es kann den Probanden die Möglichkeit gegeben werden, in eigenen

Worten zu antworten, vorgefertigte Antworten anzukreuzen, oder mit Ja, Nein, Vielleicht oder Ich weiß es nicht die Fragen abzuschließen. Beim Selbstgerichtsverfahren haben Psychologen die Möglichkeit, sehr detaillierte Informationen zu erhalten.

Hier ist es wichtig, dass der Psychologe einen guten und vertrauensvollen persönlichen Kontakt aufbaut. So können intensivere und auch sensiblere Themen aufgegriffen werden und die Antworten sind dadurch meist ehrlicher und tiefgründiger. Je besser der persönliche Kontakt ist, um so offener antworten auch die Probanden. Wichtig ist, dass hierbei auf die Kommunikationsfähigkeit der Probanden gehofft werden muss. Auch kommt es auf die Introspektionsfähigkeit der einzelnen Probanden an. Das bedeutet, diese müssen auch fähig sein, die Fragen sinnvoll zu beantworten. Mit Kleinkindern, Menschen, die der Sprache nicht mächtig sind oder Menschen mit einem niedrigen IQ sind diese Art der Umfragen schwierig bis nicht durchführbar.

Unter diesen Umständen können die Ergebnisse eventuell weder reliabel, noch valide sein. Die Gefahr besteht natürlich auch, dass die Probanden falsche oder irreführende Antworten geben. Die Gründe dafür können sein, dass sich die Probanden dadurch in einem besseren oder schlechteren Licht darstellen können. Die Befragten verdrehen die Wahrheit, um sich dadurch einen persönlichen Vorteil zu verschaffen. Der Psychologe wird kurzum angelogen und die Statistiken dadurch verfälscht.

Verhaltensmaße und Beobachtungen werden gerne auch in Gruppen erforscht. Dabei können Gruppen von Ratten, Gruppen von Kindern oder Gruppen von Kranken, Verbrechern oder anderen Gruppierungen erforscht werden. Verhaltensmaße beschreiben das Verhalten und die sichtbaren und registrierbaren Aktionen und Reaktionen, die gezeigt wurden.

Beobachtungen sind bei Psychologen niemals dem Zufall überlassen. Diese werden geplant und systematisch durchgeführt. Neben der Beobachtung von Gesichtsausdrücken und Bewegungen unter bestimmten Situationen werden hier auch technische Hilfsmittel wie Uhren zur Zeitmessung und Computer zur Hand genommen. Die Beobachtungen können sowohl unter natürlichen Situationen, unter Druck und unter besonderen Umständen durchgeführt werden.

Psychologische Forschungen an Tieren und Menschen

Psychologische Forschungen an Menschen dürfen nur mit ausdrücklicher Zustimmung durchgeführt werden. Jeder Proband muss vor einem Laborversuch über die möglichen Risiken, den genauen Ablauf und dem zu erwartenden Nutzen aufgeklärt werden. Auch die Privatsphäre muss absolut gewährt und auch muss absolute Vertraulichkeit zugesichert werden. Jeder Proband muss einer Veröffentlichung der Daten explizit zustimmen. Von den Probanden muss unterschrieben werden, dass die Versuche freiwillig angetreten und sie ausreichend aufgeklärt wurden. Auch muss jeder Proband stets die Möglichkeit haben, von einem Versuch zurückzutreten und sich auch mit Fragen jederzeit an jemanden wenden zu können.

Ein wichtiger Punkt ist die Abwägung von Kosten und Nutzen. Risiken, die auftreten können, müssen absolut minimiert werden. Auch wenn Stress, Aggressionen, Gefühlsausbrüche und mehr auftreten, muss hier zu Gunsten der Versuchspersonen für absolutes Wohl gesorgt werden. Falls Risiken auftreten, wird die Versuchsreihe zuvor vor eine Ethikkommission gebracht. Hier wird der Nutzen und das Risiko für die Versuchsteilnehmer, die Gesellschaft und die Wissenschaft abgewogen, bevor mit der Versuchsreihe begonnen werden darf. Das bedeutet, dass nicht einfach jede x-beliebige Untersuchung durchgeführt werden darf, ohne zuvor an die ethischen Grundsätze zu denken.

Für manche Versuchsreihen kann es notwendig sein, dass diese unter einer vorsätzlichen Täuschung beginnen. Oft kann dies notwendig werden, um das Forschungsvorhaben nicht im Vorfeld zu verfälschen. Ein Beispiel dafür ist zum Beispiel die Auswirkung von Gewaltfilmen auf das Aggressionsverhalten. Wissen die Probanden im Vorfeld genau, worum es geht, besteht die Gefahr, dass sich bewusst oder unbewusst anders verhalten wird. Manche reagieren versiert aggressiv, während sich andere konzentrieren und extra am Riemen reißen, um sich in höchstem Maße zu kontrollieren.

Doch auch hier gibt es Richtlinien und psychologische Forscher müssen die vorsätzliche Täuschung im Vorfeld rechtfertigen. Eine Rechtfertigung dafür ist zum Beispiel ein hoher pädagogischer Wert. Auch wenn diese Forschung für die Wissenschaft extrem wichtig ist, kann diese mit der Begründung gerechtfertigt werden. Auch muss bewiesen werden, dass die psychologische Untersuchung nicht ohne vorsätzliche Täuschung durchführbar wäre. Zusätzlich müssen die Probanden am Ende der Untersuchung über die Täuschung aufgeklärt werden. Nach Offenlegung haben die Probanden stets das Recht, die Veröffentlichung der gesammelten Daten zu verweigern. Bei vorsätzlicher Täuschung darf die Ethikkommission immer darauf bestehen, die gesamte Forschung zu überwachen.

Dies ist ein wichtiger Punkt für alle Beteiligten und er sichert Probanden ab, dass mit ihren Daten keinerlei Missbrauch geschehen kann. Im Anschluss muss zusätzlich stets ein Gespräch zwischen Probanden und forschendem Psychologen zustande kommen. In diesem Abschlussgespräch müssen sich Psychologen vergewissern, dass die Testpersonen nicht geschädigt, verwirrt, ängstlich oder gekränkt den Versuchsraum verlassen.

Tierversuche für die psychologische Forschung sind immer noch ein heikles Thema und es gibt dafür absolute Gegner und auch Befürworter. Besonders viel Nutzen durch die Forschung mit Tieren konnte im medizinischen Bereich erzielt werden und zahlreiche heute eingesetzte Medikamente gegen Angststörungen resultieren aus Forschungen mit und an Tieren. Auch Probleme von Drogensüchtigen, das Verhalten, die Medikation und die Heilung wurden mit psychologischen Forschungen an Tieren maßgeblich vorangetrieben.

Beobachtungsstudien von Tieren in der natürlichen Umgebung werden von einem Großteil aller Menschen akzeptiert. Weniger Befürworter gibt es für dieselbe Art von Studien an Tieren, die in Käfigen gehalten werden. Doch gerade hier sind große Unterschiede bei den

Tierrassen zu verzeichnen. Während etwa 80% der befragten Menschen Beobachtungsstudien an Ratten völlig okay finden, sinkt die Anzahl der Befürworter, wenn es sich um Hunde oder Katzen dreht. Beinahe alle Befragten sprechen oder sprachen sich gegen Versuche aus, bei welchen Tiere zu Schaden kamen, oder sogar getötet wurden. In der heutigen Zeit wird auch die Ethik in der Forschung mit und an Tieren immer schärfer und strikter kontrolliert. Auch wenn viele wertvolle Ergebnisse erzielt werden können, muss auch hier vorweg über das Wohl der Tiere nachgedacht werden, da es sich auch hier um Lebewesen mit Gefühlen handelt.

Sind psychologische Artikel im Internet glaubhaft und lesenswert?

In jeder Zeitschrift, jedem Magazin und in vielen TV-Programmen sind täglich psychologische und pseudo psychologische Artikel zu lesen. Ob Artikel auf Facebook und Co oder Berichte, die auf Google angezeigt werden, sämtliche dieser Artikel müssen mit Vorsicht genossen werden. Jeder kann heute im Internet einen Beitrag verfassen und veröffentlichen. Den Wahrheitsgehalt kann der Leser nicht wirklich überprüfen.

Wer einen psychologischen Artikel liest, sollte den Wahrheitsgehalt stets selbst recherchieren. Am einfachsten ist es, den Verfasser zu googeln. Hier finden Sie schnell heraus, ob es sich um einen wirklichen Psychologen oder um einen Hobby Psychologen handelt. Jeder kann seine geistigen Ergüsse veröffentlichen und gespickt mit einigen typischen Begriffen aus der Psychologie sind diese kaum zu unterscheiden. Das bedeutet jetzt nicht, dass Sie jene Berichte nicht lesen sollten. Ganz im Gegenteil, es ist wichtig diese zu lesen und sich eine eigene Meinung zu bilden. Sie dürfen dabei jedoch nie vergessen, alles zu recherchieren und Behauptungen zu hinterfragen. Alleine wenn Sie den Begriff Schizophrenie im Internet eingeben, werden Sie Millionen von Artikeln finden. Mit den unterschiedlichsten Annahmen und Vorschlägen für Behandlungen.

Suchen Sie bei der Recherche immer nach Theorien und Hypothesen, wie Sie diese Artikel widerlegen können. Erst im zweiten Schritt sollten Sie nach Bestätigungen suchen. So finden Sie am besten den Wahrheitsgehalt heraus. Misstrauen Sie allen Annahmen und lassen Sie auch den gesunden Menschenverstand walten. Bilden Sie sich immer eine eigene Meinung.

Vertrauensvolle Magazine, die regelmäßig psychologische Artikel veröffentlichen, lassen Artikel nicht nur von einem Journalisten schreiben und recherchieren, sondern verlangen Gutachten von mehreren Experten. Hier geht es darum, nicht nur den guten Ruf zu wahren, sondern die Interessenten auch tatsächlich mit der Wahrheit zu versorgen.

Doch auch anerkannte Psychologen und Experten können bei demselben Thema zu unterschiedlichen Resultaten gelangen. Das kommt erstens daher, dass verschiedene Ansätze und Perspektiven verwendet werden. Zudem kommen persönliche Voreingenommenheiten und Ansichten dazu, welche die Realität auf die eine oder andere Art verzerren können. Sachlagen sollten Sie selbst immer unvoreingenommen, aber skeptisch behandeln.

KAPITEL VIER

Der psychologische Ansatz der Vererbung

AUCH BEI DER VERERBUNG vieler Eigenschaften gibt es in der Psychologie unterschiedliche Thesen. Generell ist es so, dass jeder Mensch einzigartig und ein Individuum ist. Doch Eigenschaften wie Aggressionen können entweder von einem Elternteil vererbt werden. Andere Psychologen aber bestehen darauf, dass in jedem Menschen ein gewisses Potential an Aggression steckt. Je nach sozialem Umfeld, Erziehung oder als Reaktion auf die Umwelt werden diese Aggressionen mehr oder weniger geweckt.

Die genetische Vererbung von Aggressionen lässt sich natürlich weniger gut bis gar nicht beobachten, als Aggressionen, die durch das soziale Umfeld vermittelt werden. Kinder von massiv aggressiven Eltern können in Gruppen oder einzeln beobachtet werden und die Auswirkung der Gewalt der Eltern auf die Kinder in Langzeitstudien analysiert werden.

Genetik und Vererbung geht weit zur Evolutionstheorie zurück. Hier kommt wieder die natürliche Selektion zu tragen. Natürlich werden und wurden starke Eigenschaften von Generation zu Generation weitergegeben. Dies war zum Überleben essentiell. Die Evolution und die Weitergabe der Gene erfolgte nach einem sehr simplen Schema. Ein Druck von Außen sorgte dafür, dass der Mensch handeln musste. Das kann eine Dürre gewesen sein, oder auch Feuer oder andere Bedrohungen. Dadurch entstand Handlungsbedarf. Nur die stärksten Menschen konnten sich jedoch hier durchsetzen. Schwache Personen gingen unter. Es entstand ein natürlicher Konkurrenzkampf. Diesen konnten nur die Stärksten gewinnen.

Die starken Weibchen suchten nun die stärksten Männchen für die Fortpflanzung aus. In der Regel war es so, dass sich das stärkste Weibchen natürlich für den besten unter den sogenannten Phänotypen entschied. Durch die Fortpflanzung der Alphatiere untereinander wurde die nächste Generation immer stärker. Dies konnte sowohl in der Tierwelt, als auch unter den Menschen beobachtet und nachgewiesen werden.

Die DNS oder DNA ist der Kern unserer Zellen, aus welchen wir bestehen. Dies sind unsere Gene. Genetisch vererbt wird in vielen Fällen das Aussehen. Die Tochter erbt die blonden Haare der Mutter oder die blauen Augen des Vaters. Doch auch starke Eigenschaften, welche die Eltern prägen, können vererbt werden. Körperbau, körperliche Konstitution wie Stärke, aber auch Intelligenz und eben Verhaltensmuster werden von einer Generation an die nächste weitergegeben.

In der Verhaltensforschung kann nun ein Bogen zwischen Genetik und Psychologie gespannt werden. Denn natürlich sind nicht nur die Gene für das Verhalten der Menschen verantwortlich. Es wird nicht automatisch ein Kind aus einer Dynastie an Verbrechern selbst als Krimineller geboren. Es muss eine kausale Begründung zwischen Verhalten und Vererbung gefunden werden.

Am besten lassen sich Studien zu diesem Thema mit adoptierten Kindern, Adoptivfamilien und Zwillingen durchführen. Hier kann das Verhalten von den leiblichen Eltern, der Adoptiveltern mit dem Verhalten der adoptierten Kindern verglichen werden. Auch das Verhalten von Zwillingen, die in unterschiedlichen Familien aufgewachsen sind, sind für Studien dieser Art besonders interessant.

Liegt es immer in den Genen?

Garantiert kann man diese Frage mit Nein beantworten, muss jedoch sofort ein großes Aber hinterher schicken. In der Psychologie spielt immer die Beziehung zu den Eltern eine wichtige Rolle. Eltern können an vielem Schuld tragen, sind jedoch auch nicht für den gesamten Verlauf des Lebens ihrer Kinder verantwortlich.

Intelligenz kann zu einem gewissen Maße vererbt werden, lässt sich jedoch auch problemlos fördern und trainieren. Das bedeutet, hier spielt es auch eine wichtige Rolle, ob das Kind unterstützt wurde und in den eigenen Fähigkeiten bestärkt wird. Eltern, die ihren Kindern zwar nicht viel geistiges Wissen mitgeben können, den Nachwuchs dafür nach allen Möglichkeiten beim Erlernen und Erreichen höherer Ziele unterstützen, schlagen den Genen mit Verhalten ein Schnippchen.

Ein Beispiel dafür sind Kinder eines Alkoholikers. Der eine Junge griff bereits mit 16 zur Flasche und wurde ebenfalls Alkoholiker. Die Ausrede war hierfür, er hätte es von zu Hause nie anders gesehen. Der zweite Junge griff sein ganzes Leben nie zur Flasche, mit der Begründung, er hätte von zu Hause genug negative Beispiele bezüglich des Trinkens erhalten. Es ist somit immer eine Sache der Perspektive, wie man mit den Genen und der sozialen Prägung umgeht.

Kinder von gewalttätigen Eltern werden später entweder selbst gewalttätig, oder versuchen die Erziehung der eigenen Kinder bewusst anders zu gestalten. Diese Beispiele können sich durch das ganze Leben und sämtliche Bereiche ziehen. Versuchen Sie nun drei ähnliche Beispiele zu finden. Schreiben Sie diese in Ihr Notizbuch und überlegen Sie, warum die eine Gruppe scheinbar genetisch bedingt zu handeln scheint, während die andere Gruppe sich für ein bewusstes anders sein entscheidet. Wenden Sie dafür auch die sieben Perspektiven an. Vielleicht erkennen Sie auch einige Muster aus Ihrer eigenen Kindheit oder Erziehung. Welche Dinge wiederholen sich in der Familiengeschichte immer wieder? Wo kommt es zu einer Veränderung, warum und wodurch?

KAPITEL FÜNF

Das Gehirn - ein komplexes Kunstwerk

DAS GEHIRN UND DAS Nervensystem sind ein bemerkenswertes Produkt und ein wahres Geschenk, welches uns fühlen und handeln lässt. Nervenimpulse werden durch den Körper und das Gehirn transportiert und machen uns zu jener besonderen Kreatur, die wir sind. Psychologen und Forscher, die sich mit dem Gehirn beschäftigen, nennen sich Neurowissenschaftler. Ein Zweig, der besonders spannend, vielfältig und ständiger Veränderung ausgesetzt ist.

Neuronen sind jene Zellen, die Informationen empfangen und senden. In Säugetieren wurden 200 unterschiedliche Arten von Neuronen festgestellt. Im menschlichen Gehirn sind wischen 100 Milliarden und einer Billion Neuronen vorhanden. Neuronen senden Botschaften aus und empfangen diese am anderen Ende. Hier sind die leicht verästelten Dendriten dafür verantwortlich, Erregungen von Sinnesrezeptoren oder Zellen zu erhalten.

Von den sensorischen Neuronen werden Botschaften von Sinnesrezeptoren zum zentralen Nervensystem hin gesendet. Motorneuronen leiten diese weg vom zentralen Nervensystem und Interneuronen senden Botschaften von sensorischen Neuronen zu Motorneuronen und Interneuronen. Die Neuronen mit ihrer Fähigkeit Informationen weiterzuleiten, sind die Basis für all unser Denken, Handeln, Fühlen und Sein.

Bei der Übertragung von Informationen kommen auch die Synapsen zum Einsatz. Diese befinden sich am Ende der sendenden Neuronen. Es kommt zur synaptischen Übertragung und alle Vorgänge bezüglich dieser Übertragungen werden von den sogenannten Neurotransmittern stimuliert. Jede Aktion die wir ausführen geht ein langer und komplizierter biochemischer Vorgang zuvor. Sie fragen sich nun vielleicht, was dies mit Psychologie zu tun hat. Wir wollen Ihnen nur einen kleinen Einblick geben, wie kostbar und wie aufwändig gestaltet unser Gehirn ist. Wenn Sie sich für die Psychologie zu interessieren beginnen, so ist es wichtig, dass Sie verstehen, dass hier nicht nur schwarz und weiß existieren, sondern dass Sie in eine bunte Welt der Farben und Facetten eintauchen. Nichts muss so sein, wie es vorerst den Anschein hat. Alles kann und sollte hinterfragt werden und für jede Tat und jede Handlung gibt es unzählige Perspektiven, aus welcher diese betrachtet werden können.

Zudem sollen Sie erkennen, wie wertvoll unser Gehirn ist. Dieses komplexe Kunstwerk hat es sich verdient, dass sich Menschen intensiv damit befassen und zumindest ansatzweise verstehen, wie es tickt und funktioniert. Sie können auch kein Auto fahren, ohne zumindest annähernd zu wissen, wie das Fahrzeug funktioniert. Man muss kein Mechaniker sein, sollte jedoch wissen, wo Benzin, Gas oder Diesel getankt werden muss, und welche Knöpfe zu betätigen sind.

Neurotransmitter, Neuronen, Azetylcholin und vieles mehr sorgen für einen reibungslosen Ablauf im Gehirn. Treten Störungen in der Übertragung auf, kann es zu psychischen und auch körperlichen Erkrankungen führen. Neurowissenschaftler beschäftigen sich auch mit diesem Thema und erforschen psychische Krankheiten, und Erkrankungen wie die Parkinson`sche Krankheit, die durch Forschungen nicht nur verstanden, sondern auch kuriert und bis zu einem gewissen Grad geheilt werden können.

Sämtliche dieser Nervenzellen kommunizieren miteinander und steuern unseren Geist und den Körper. In der Neurowissenschaft wird nun versucht, diese komplexen Vorgänge zu untersuchen und auch zu verstehen. Mehr oder weniger ein Zufall brachten Neurowissenschaftler am 13. September 1848 dem Gehirn und der Funktion etwas näher. Phineas P. Gage erlitt am Bau einen schweren Unfall. Eine Eisenstange durchtrieb seinen Kopf. Die linke Gesichtshälfte war gelähmt, das linke Auge war blind und psychisch war der Mann total verändert. Haltung, Bewegung und Sprache jedoch waren erhalten.

Durch diesen Vorfall wurden mehr Forschungen zu der Entwicklung der Persönlichkeit und rationalem Verhalten angestellt. Vermehrt starteten nun Forschungen in Richtung der Beziehung von Hirnfunktion und komplexem Verhalten. Auch wurde begonnen, die Verbindung von Gehirn und Sprache zu erforschen. Paul Broca zählte auf diesem Gebiet zu den Vorreitern. Er entdeckte bei zahlreichen Autopsien, dass Menschen mit schweren sprachlichen Störungen auch meist eine kaputte linke Hirnhälfte nach ähnlichem Muster aufwiesen.

Man begann mit Läsionsexperimenten an Tieren. Bei diesen Experimenten wurden durch Hitze, Kälte oder Elektrizität einzelne Partien im Gehirn zerstört und die Auswirkungen davon statistisch erfasst. Verglichen mit den immer mehr werdenden Berichten aus der Gerichtsmedizin, konnte das Verständnis für Schädigungen am Gehirn immer weiter ausgebaut werden. Walter Hess begann in der Mitte der 1950-er Jahre damit, Gehirne mittels elektrischer Stimulation zu erforschen. Er wurde bekannt durch seine Versuche mit Elektroden an Katzen. Dadurch wurde entdeckt, dass die Platzierung der Elektroden für Schlaf, Sexualtrieb, Furcht und Angst auf Knopfdruck stimuliert werden konnten.

Es wurden PET-Scans und ähnliches Entwickelt, mit deren Hilfe Schädigungen am lebenden Gehirn erforscht werden konnten, ohne invasives Verfahren das Gewebe zu beschädigen. Hier kamen radioaktive Substanzen zum Einsatz, die mittels hoch entwickelter Aufzeichnungsgeräte die Funktion des Gehirn wiedergaben. Auch Geräte wie MRT, die auf Basis von Magnet-Resonanz arbeiteten, kamen nun zum Einsatz. Damit konnten präzise die Funktion und Struktur des Gehirns untersucht werden.

Um die Funktion des Gehirns zu verstehen, ist es in der Psychologie auch wichtig, den Aufbau dessen zu kennen. Das Gehirn besteht aus drei Schichten, die miteinander verbunden sind. Der Hirnstamm mit seinen Strukturen ist hauptsächlich für Aufgaben wie Atmung, Schlucken, Pulsfrequenz und Verdauung verantwortlich.

Der zentrale Kern wird vom limbischen System umgeben. Dieses ist für Emotionen, Motivation und auch für das Gedächtnis verantwortlich.

Beide Strukturen werden vom Großhirn umgeben. Dieses ist für die Gesamtheit des Geistes des Menschen verantwortlich. Hier werden Bewegungen koordiniert und das Großhirn ist verantwortlich für

Schlussfolgerungen und auch das abstrakte Denken.

Das Gehirn unterliegt aber einer ständigen Veränderung. Mit jeder Aktion die wir starten, mit jedem Thema, das wir uns befassen, verändert sich das Gehirn. Zum Beispiel modifiziert sich das Gehirn mit jedem Gedicht, oder jeder Passage aus einem Lehrstück, welches wir auswendig lernen. Unsere Hirnplastizität hängt somit auch eng mit unserer Lebenserfahrung zusammen. Je mehr das Gehirn stimuliert wird, um so komplexer kann es auch arbeiten und funktionieren. Das Gehirn ist ein eigenes Universum, viele bezeichnen es auch als das wunderbare 1,5 Kilogramm Universum. Ohne Gehirn wären wir nichts und ohne das Verständnis für das Gehirn kann auch auf keinerlei psychologischer Ebene gearbeitet werden. Daher nehmen Sie sich die Zeit, suchen Sie nach Bildern vom Aufbau des Gehirns und prägen Sie sich ein, wie Gehirn und Nervenbahnen, Hormone und endokrine Systeme zusammen arbeiten, damit wir in unserer ganze Pracht arbeiten, denken und funktionieren können.

Das Gehirn, das mit dem Rückenmark zusammen das Zentralnervensystem bildet, das endokrine System, das für die Produktion und die Weiterleitung der Hormone verantwortlich ist, das Großhirn, das unsere mentalen Funktionen kontrolliert und sämtliche Zellen und Verbindungen machen uns zu diesem spannenden Individuum.

Sensorische Prozesse

Sensorische Prozesse beschreiben unsere Wahrnehmung auf allen erdenklichen Ebenen. Objekte, aber auch Ereignisse können so begriffen und empfunden werden. Situationen werden dem Empfinden nach klassifiziert und der Mensch kann reagieren. Unsere Wahrnehmung setzt sich aus sensorischen Prozessen, perzeptueller Organisation, Identifikation und Wiedererkennung zusammen.

Durch Stimulation der Sinnesrezeptoren entstehen unsere Empfindungen. Zum Beispiel werden über die Nervenzellen in den Augen die Informationen an das Gehirn weitergeleitet. Die perzeptuelle Organisation beschreibt den Vorgang, bei welchem externe Reize aufgebaut werden. Größe, Form, Bewegung, Entfernung und Ausrichtung eines Objekts können damit wahrgenommen werden. Bei der Identifizierung und Wiedererkennung wird diese Wahrnehmung vertieft. Freund oder Feind, Bekannter oder Verwandter, Uhren oder Fußbälle - alles kann dadurch unterschieden werden. Nach diesen drei Stufen identifizieren wir sämtliche Objekte und erkennen nicht nur das Was, sondern auch das Wie und Warum.

Von der Realität, der Mehrdeutigkeit und der Täuschung

Über die Wahrnehmung werden Reize und Informationen identifiziert. Doch unsere Wahrnehmung besteht nicht nur aus Objekten, die wir tatsächlich sehen. Auch mehrdeutige Reize und Wahrnehmenstäuschungen spielen hier mit hinein. Die Realität besteht aus all den Dingen, die wir täglich sehen. Wir erkennen die Blumenvase auf dem Tisch, die mit den roten Rosen oder den gelben Nelken geschmückt ist. Wir sehen die Kinder am Spielplatz, bemerken den Unterschied der Farben ihrer T-Shirts und sehen die Hunde und Katzen im Vorgarten laufen.

Dies ist alles Realität. Doch nun gehen Sie zum Fenster und blicken Sie hinaus. Sie erkennen Bäume und blühende Sträucher, Blumen und Wiesen. Doch wenn Sie sich nun vom Fenster wegbewegen, können Sie noch genau sagen, wie viele Bäume im Garten stehen, welche Farbe der Strauch hat, oder welche Blumen in welcher Farbe blühen? Sie haben zwar ein klares Bild, auch vor Ihrem geistigen Auge, dieses kann sich jedoch gravierend von der Realität unterscheiden.

Dazu kommt noch die Mehrdeutigkeit. Auf sensorischer Ebene können einzelne Situationen auf unterschiedlichste Arten interpretiert und ans Gehirn weitergeleitet werden. So lässt sich zwischen den Bäumen um Halbdunklen ein Schatten erkennen. Viele sehen hier einen Einbrecher, andere bemerken einen Wolf, der durch die Dunkelheit schleicht und andere empfinden den Schatten nur als Ergebnis des Windes, die die Blätter und Äste bewegt. Sicher kennen Sie auch die Bilder, die je nach Perspektive unterschiedliche Bilder zeigen. Wenn

Sie es von einer Seite betrachten, sehen Sie ein junges Mädchen, und wenn Sie von einem anderen Blickwinkel darauf sehen, können Sie eine alte Frau erkennen. Andere Bilder zeigen von einer Seite eine Ente, von der anderen Seite aus gesehen einen Hasen. Von diesen Bildern gibt es Hunderte oder mehr und diese Beweisen, dass es nicht immer nur die eine Wahrheit gibt.

Welches Bild Sie bei diesen sogenannten Kippfigur kommt auf die jeweilige Perspektive und die Interpretation an. Die Mehrdeutigkeit auf der Stufe des Wiedererkennens muss als solches akzeptiert und toleriert werden. Auch wenn zwei Parteien zwei unterschiedliche Bilder sehen, gibt es hier kein Richtig oder Falsch. Beide Bilder sind Realität. Im Alltag kommt es täglich zu Wahrnehmenstäuschungen. Alleine, dass die Sonne in unseren Augen jeden Tag aufgeht und untergeht ist eine Wahrnehmenstäuschung, da die Sonne in Wirklichkeit tagtäglich unverändert im Sonnensystem verharrt. Auch der Horizont ist eine Wahrnehmenstäuschung. Er lässt uns denken, die Welt sei eine Scheibe und dahinter wartet der Abgrund. Wenn Sie nachts spazieren gehen, wirkt es, als würde der Mond Sie verfolgen, obwohl er sich in Wirklichkeit nicht bewegt.

Wahrnehmenstäuschungen werden in der Architektur gerne verwendet und Künstler arbeiten damit, um gewisse Effekte zu erzielen. Räume können mit Hilfe dieser Tricks größer wirken. Und auch in Film und Fernsehen wird damit gearbeitet. Es ist nicht alleine die Optik, auch der Wohlfühlfaktor steigt, wenn ein Raum zum Beispiel durch diese kleinen Tricks aufgewertet wird. Würde man sich in einer kleinen und dunklen Wohnung unwohl fühlen, so können geometrische Figuren, spezielle Farben und speziell geschnittene Möbel dafür sorgen, dass die selbe Wohnung zur absoluten Wohlfühl-Oase wird.

Für unser Überleben ist es wichtig, dass wir die Realität absolut genau kennen und erkennen. Nicht nur das Wohnen und die Ernährung, auch die sozialen Kontakte sind wichtig und müssen als solche erkannt werden. Unser Bewusstsein schützt uns davor, dass wir in Gefahr geraten oder verletzt werden. Daher müssen sämtliche Informationen, die vom Gehirn aus versendet werden, perfekt verarbeiten können.

Was ist Psychophysik?

Psychophysik ist jene Wissenschaft und Forschung, die sich zum Beispiel damit befasst, wie laut ein Feueralarm sein muss, damit er trotz des Lärms der Maschinen in der Fabrik noch gehört wird. Hier kommt die Absolutschwelle der Stimulation zum Zuge, welche besagt bei welchem minimalen physikalischen Aufwand an Energie noch ein sensorischer Reiz erzeugt werden kann.

Hier werden Forschungen mit Beleuchtung durchgeführt. Wie groß oder stark muss ein Licht sein, damit es in einem dunklen Raum erkannt werden kann oder wie leise kann ein Schall sein, damit dieser noch wahrgenommen wird. Im Vordergrund stehen hier Reize und ihre Intensität. Sie haben einen psychophysikalischen Test bereits selbst erlebt, wenn Sie einen Sehtest oder Hörtest absolvieren mussten.

Diese Forschung muss jedoch stets unter den verschiedensten Umständen durchgeführt werden. Es macht einen enormen Unterschied aus, ob die Probanden ausgeschlafen oder müde sind. Auch Beleuchtung und Tageszeit spielen hier eine große Rolle, ebenso wie eventuelle Ablenkungen von außen.

Wie wir etwas erkennen setzt sich aus der sensorischen Modalität und der Erkennungsschwelle zusammen. Beim Licht ist die Erkennungsschwelle in etwa mit einer Kerze zu vergleichen, die in der Dunkelheit das Licht auf 50 km Entfernung sehen lässt. Das Ticken einer Uhr ist ohne Umgebungsgeräusche auf etwa 6 Meter hörbar und wenn Sie einen Teelöffel Zucker auf 7,6 Liter Wasser auflösen, schmecken Sie ihn gerade noch. Laut Forschungen reicht ein Tropfen Parfum, damit er in einer 3-Zimmer Wohnung zu riechen ist und Sie spüren den Flügel einer Fliege, wenn er aus etwa 1 cm Entfernung an Ihre Wange gelangt. Dies sind bereits erforschte Richtlinien, um die es in der Psychophysik geht.

Die Schwierigkeit bei diesen Forschungen ist jedoch, dass nicht jeder Proband gleich ist. Einige erkennen ein Flackern des Lichtes im

Dunkeln, während andere noch nichts sehen. Diese Tests sind zum Beispiel wichtig, wenn es um die Erzeugung neuer Produkte geht. Angenommen eine Firma wie Red Bull möchte einen neuen Energy Drink herstellen, der etwas süßer sein soll, als der Bisherige. Es soll jedoch nur so viel Zucker hinzugefügt werden müssen, dass von der breiten Masse ein Unterschied erkannt wird, jedoch kein Gramm mehr. Hier geht es um die Unterschiedsschwelle zweier Reize. Nun kommt jedoch auch das individuelle Empfinden hinzu.

KAPITEL SECHS

Sehen und Psychologie

IN DIESEM KAPITEL WOLLEN wir uns mit dem visuellen System näher befassen. Beim Sehen handelt es sich um die wohl komplexeste Sinneswahrnehmung des Menschen oder generell der Lebewesen. Das Sehvermögen ist für Tiere wichtig um zu überleben. Die Beute kann aus einer bestimmten Entfernung erkannt werden, ebenso wie die Gefahr, die sich eventuell nähert. Menschen können Veränderungen im Umfeld wahrnehmen und dementsprechend handeln. Wir erkennen Stufen oder Unebenheiten am Boden und können unsere Schritte dementsprechend anpassen.

Stellen Sie sich das Auge als Kamera vor, welche Filme von der Außenwelt dreht und an unser Gehirn weiterleitet. Das Auge sammelt und bündelt Licht. Die Linse verändert ihre Form, um sich den Gegebenheiten anzupassen und das Licht zu bündeln. Es ist nahezu dieselbe Methode, die auch in Kameras verwendet wird, wenn Sie das Objektiv scharf stellen. Die Pupille verengt oder erweitert sich. Auch wenn Sie mit dem Auge blicken, das Sehen an sich spielt sich im Gehirn ab. Darum ist das Sehvermögen auch eng mit der Psychologie verbunden. Visuelle Informationen werden an den Hinterhauptlappen abgegeben. Dieser wird als primärer visueller Cortex bezeichnet. Viele Millionen Axone der Ganglienzellen bilden die beiden Sehnerven und treffen im optischen Chiasma zusammen. Diese optischen Trakte liefern die Informationen direkt an unser Gehirn weiter. Das visuelle System unterteilt sich wiederum in ein visuelles System für Ortserkennung und ein visuelles System für Mustererkennung. Hier werden die verschiedenen Aspekte eines retinalen Bildes analysiert. Am Ende jedoch wird alles als Ganzes und als Einheit erkannt.

Bereits ab einem Alter von 19 Monaten können Kinder Bilder recht sicher als solche erkennen. Es gibt nachweislich Kulturen, welche Farben schlechter erkennen und verarbeiten als andere. Zudem gibt es viele Menschen, die an einer Sehschwäche für Farben leiden. Wir kennen dies im Volksmund als Farbenblindheit. Zudem gibt es auch Menschen, die unter einer Gesichtsblindheit leiden. Hierbei werden Gesichter einfach nicht erkannt und alle Menschen sehen mehr oder weniger gleich aus.

In der Fachsprache nennt man Gesichtsblindheit Prosopagnosie. Dabei handelt es sich um eine visuelle Agnosie. Es funktionieren die Augen zwar tadellos, und auch die Weiterleitung ans Gehirn und das Erkennen von Farben und Formen sind uneingeschränkt. Gesichter jedoch werden nicht erkannt. Diese Störung kann angeboren sein, aber auch durch eine Schädigung des Gehirns nach einem Schlaganfall, Hirntumor, einer Schädelverletzung oder einem Kreislaufstillstand resultieren. Auch wenn diese Krankheit nicht wirklich bedrohlich ist, so schränkt sie doch das soziale Miteinander enorm ein. Auch Bekannte, Freunde, ja sogar der Lebenspartner können nicht erkannt werden. Oft werden diese Personen, die an Gesichtsblindheit leiden als vergesslich, oberflächlich oder unkonzentriert gehalten. Doch diese Menschen können einfach keine Gesichter erkennen. Bei der Prosopagnosie handelt es sich auch um keine psychische Störung oder Erkrankung. Ganz im Gegenteil, besonders hochbegabte Menschen leiden häufiger unter Gesichtsblindheit. Das Tragische an dieser Beeinträchtigung ist, dass man beim Erkennen eigentlich sofort Erinnerungen oder Verbindungen mit gewissen Personen assoziiert, dies aber eben nicht möglich ist.

Die Gesichtsblindheit kommt in drei Varianten vor. Die apperzeptive Prosopagnosie ist eine Gesichtsblindheit, die bewusst erlebt wird. Hier können die Betroffenen weder das Alter noch das Geschlecht unterschieden und erkennen. Auch Emotionen lassen sich anhand des Gegenübers nicht erkennen. Es kann auch keinerlei Urteil darüber gefällt werden, ob sich Gesichter ähnlich sehen oder nicht. Diese Art der Gesichtsblindheit ist jedoch nicht angeboren, sondern wurde erst nachträglich erworben.

Bei der assoziativen Prosopagnosie können die Betroffenen zwar unterscheiden, ob die Gesichter gleich oder unterschiedlich aussehen, und auch das Geschlecht lässt sich bestimmen. Es kann jedoch das Gesicht nicht als bekannt oder unbekannt zugeordnet werden. Auch diese Gesichtsblindheit ist nicht angeboren, sondern zählt zu den erworbenen Beeinträchtigungen.

Die kongenitale Prosopagnosie ist eine angeborene Art der Gesichtsblindheit. Dabei können anhand der Gesichter Gefühle erkannt werden und auch zwischen Mann und Frau können die betroffen Personen unterscheiden. Diese Art der Gesichtsblindheit bleibt meist unentdeckt, da man als Betroffener von Klein auf eine eigene Methode entwickelt, Menschen anhand der Stimme, der Kleidung oder bestimmten Gesten zu unterscheiden. Auch vielen Ärzten ist diese Form heute noch unbekannt.

Nur etwa 2% aller Menschen leiden unter einer angeborenen Gesichtsblindheit. Sie tritt bei Männern und Frauen etwa in gleicher Häufigkeit auf. Noch seltener sind die erworbenen Formen der Gesichtsblindheit, die nach einem Schlaganfall oder Unfall auftreten können. Bereits in der Antike wurde schriftlich über Gesichtsblindheit berichtet. Es ist bis heute auch nicht bekannt, welche Auslöser wirklich für eine angeborene Gesichtsblindheit verantwortlich sind. Häufig ist die Gesichtsblindheit mit dem Asperger Syndrom oder einer Form des Autismus verbunden. Es wird jedoch angenommen, dass ein Gendefekt für die Gesichtsblindheit verantwortlich ist.

Mit einer leichten, angeborenen Gesichtsblindheit können sich Betroffene Gesichter einfach schlecht merken und niemand denkt dabei an eine tatsächliche Erkrankung. Ist die Gesichtsblindheit etwas stärker ausgeprägt, so verwechseln die Betroffenen sehr häufig Menschen und es kommt täglich zu Verwechslungen. Es kann auch vorkommen, dass Betroffenen Gesichter für sehr kurze Zeit zuordnen können, danach verschwimmen diese jedoch wieder zu einem Einheitsbrei. Bei der sehr ausgeprägten Form der Gesichtsblindheit werden Gesichter nur als Flecken erkannt. Es kann sogar dazu kommen, dass Personen mit Gegenständen verwechselt werden - und nicht nur mit Schaufensterpuppen. Auch mit Tieren kommen diese Verwechslungen vor. Besonders markant sind die Berichte, dass Kinder zum Beispiel mit Parkuhren verwechselt wurden.

Für Gesichtsblindheit an sich gibt es keine Therapie. Durch konsequentes Training aber können sich Betroffene sehr gut im Alltag zurecht finden. Mit der Hilfe von Neuropsychologen können Schemen entwickelt werden, wie Personen im näheren Umfeld anhand von Frisuren, Gesten, der Brille, der Stimme oder anderen markanten Merkmalen unterschieden werden können. Auch können anhand der

Merkmale und bestimmter Orte Assoziationen getroffen werden. Dies ist zum Beispiel wichtig, um Arbeitskollegen auseinander halten zu können. Werden diese jedoch spontan auf der Straße getroffen, so ist es möglich dass der Betroffene diese nicht erkennt.

Die Gesichtsblindheit verschlechtert oder verbessert sich nicht im Laufe der Zeit. Lediglich das Training hilft, mit der Krankheit besser umgehen zu können. Schwierig ist es für Kinder, die unter dieser Krankheit leiden, da diese schwerer soziale Kontakte knüpfen und häufig unter Ausgrenzung leiden. Schwierig ist es auch für alle, die nach einem Unfall oder einer Krankheit an Gesichtsblindheit erkranken. Auch für Ehepartner, Freunde und Familienmitglieder ist es sehr hart, wenn der Betroffene plötzlich selbst nahe stehende Personen nicht mehr erkennt. Es gibt auch keine vorbeugenden Maßnahmen, lediglich Training hilft, mit der Situation besser umzugehen.

KAPITEL SIEBEN

Hören und Psy-
chologie

OFT HÖREN WIR ETWAS , bevor wir es sehen und somit ist der Gehörsinn ebenfalls sehr wichtig für unser Leben. Auch nur mit dem Gehörsinn lassen sich viele Menschen und Situationen identifizieren. Die Ohren können die Richtung weisen und das Hören ist ein wichtiges Werkzeug für unsere sozialen Kontakte.

Wenn Sie pfeifen, klopfen oder trommeln hören Sie den Schall, den diese Instrumente erzeugen, wenn sie in Schwingung versetzt werden. Diese physikalischen Eigenschaften der Frequenzen und Amplituden bestimmen die drei psychischen Dimensionen. Sie erkennen Tonhöhe, Lautstärke und Klangfarbe. Hohe Frequenzen erzeugen hohe Töne und tiefe Frequenzen sind für tiefe Töne verantwortlich. Wir können Töne zwischen 20 Hz und 20.000 Hz wahrnehmen. Die Frequenz wird als physikalische Realität bezeichnet und die Tonhöhe beschreibt den psychischen Effekt.

Psychische Belastungen durch eine Hörbehinderung

Das Hören ermöglicht uns soziale Kontakte. Wer eine Beeinträchtigung des Hörvermögens erleiden muss, kann unter zahlreichen psychischen Belastungen leiden. Für einen gesunden Menschen ist es wichtig, dass er eine gute Balance zwischen Lärm und Stille erleben kann. Zu viel Lärm kann extrem schädlich sein, wer jedoch einer permanenten Stille ausgesetzt ist kann dies als extreme psychische Belastung empfinden.

Bei zahlreichen Versuchen konnte folgendes festgestellt werden. Menschen, die für einige Stunden in einem völlig schallisoliertem Raum eingesperrt wurden, entwickelten bereits nach kurzer Zeit psychotische Reaktionen. Auch Anzeichen von Orientierungslosigkeit und Verwirrtheit können entstehen. Schallisolation ist jedoch nicht mit einer beruhigenden und angenehmen Stille, wie sie zum Beispiel nachts im Schlafzimmer herrscht, zu verwechseln.

Zu den psychischen Erkrankungen, die durch Hören entstehen können, zählt die Schlafstörung, die durch permanenten Lärm entsteht. Ob Straßenlärm, Lärmbelastung durch Flugverkehr oder Schienenverkehr, Lärmbelastung durch angrenzende Musiklokale oder permanente Berieselung vom TV, diese Störungen während des Schlafs können zu extremem Stress und daraus resultierenden Schlafstörungen führen. Chronische Lärmbelastung ist extrem stressig und man sollte diese nicht unterschätzen. Auch wenn nach einiger Zeit ein gewisser Gewöhnungseffekt eintritt, die Psyche bleibt dennoch demselben Stress ausgesetzt.

Lärm und Schlafstörungen führen auf Dauer zu Übermüdung und die Unfallgefahr wird extrem gesteigert. Die Reaktion wird vermindert und es kommt zu Leistungsabfall. Kinder während der Schulpflicht können sich schlecht konzentrieren und wirken nicht nur abgelenkt, sondern neigen häufig auch zu Aggressionen. Lärm kann nicht nur die sozialen Kontakte beeinflussen, er wirkt sich auch negativ auf das Wachstum aus.

Auch eine Hyperakusis ist überaus unangenehm. Dabei handelt es sich um eine Überempfindlichkeit auf Geräusche. Meist verstärkt sich diese Empfindlichkeit zusätzlich bei Übermüdung, Stress, Nervosität oder der Einnahme von gewissen, berauschenden Drogen. Hypakusis ist das Gegenteil und beschreibt eine Unterempfindlichkeit auf Geräusche, die bis zur Schwerhörigkeit führen kann. Auch dies kann psychisch extrem belastend sein. Die akustische Agnosie wird auch Seelentaubheit genannt. Bei dieser Störung werden Worte zwar akustisch wahrgenommen, jedoch nicht verstanden. Bei dieser Beeinträchtigung funktioniert zwar das Gehör einwandfrei und Töne, Klänge und Melodien werden verstanden, können jedoch nicht zugeordnet werden. Oft können Wörter auch nicht gesprochen werden und auch der Sinn von ganzen Sätzen kann nicht erfasst werden.

Der Tinnitus ist die vielleicht bekannteste Störung des Hörvermögens. Diese Beeinträchtigung ist auch als Klingeln in den Ohren bekannt. Der Betroffene hört meist permanent ein Summen, Pfeifen oder Rattern. Diese Töne werden nicht von äußeren Schallwellen erzeugt, sondern entstehen im Kopf. Objektiv bestehen diese Geräusche jedoch nicht. Auslöser für Tinnitus kann eine Erkrankung der Ohren sein, auch eine permanente Lärmbelästigung begünstigt eine Erkrankung an Tinnitus. Manchmal kann auch kein Auslöser gefunden werden, der für die gestörte Vernetzung zwischen Gehör und Gehirn sorgt.

Tinnitus kann akut oder chronisch sein. Leiden die Patienten länger als einen Monat, so sollte nicht nur der Hals- Nasen und Ohrenarzt besucht werden, sondern auch eine psychologische Therapie angestrebt werden. Häufig hat Tinnitus eine psychische Ursache, die einfach behoben werden könnte. Neben vielen Therapien wie Hörtherapie und Verhaltenstechnik gibt es immer wieder experimentelle Therapien gegen das lästige Singen im Ohr. Dauerstress, permanente Belastung im Leben, Depressionen, Angststörungen und nicht aufgearbeitete Krankheiten begünstigen eine Erkrankung an Tinnitus. Es können jedoch auch viele andere Ursachen, die keinen psychischen Hintergrund haben, für den Tinnitus verantwortlich sein. Dazu zählen Blutdruckprobleme, egal ob zu hoch oder zu niedrig, Hirntumore, Medikamente, Diabetes, Probleme mit der Wirbelsäule, Taucherkrankheit, Hörsturz, Mittelohrentzündung oder verstopfte Gehörgänge.

Psychogene Hörstörungen zählen zu den dissoziativen Störungen. Sie werden meist durch einen akuten Konflikt im Leben des Betroffenen ausgelöst und öfters ist jedoch die seelische Belastung dem Betroffenen nicht bekannt. Dabei kommt es zum teilweisen oder auch zum totalen Hörverlust. Mittels eines Tonschwellenaudiogramms wird diese Hörstörung festgestellt. Die Taubheit, die eventuell gar nicht vorhanden ist, wird vom Patienten als Realität wahrgenommen. Häufig werden diese Betroffenen beschuldigt, den Hörverlust nur vorzutäuschen, doch diese hören tatsächlich, zumindest partiell, nichts. Des Öfteren kommt es bei dieser Beeinträchtigung vor, dass selektiv gehört wird. Das bedeutet, es greift eine Art Verdrängungsmechanismus. Laute und Worte, Sätze in gewissen Situationen oder ähnliches werden einfach nicht gehört. Dahinter stecken meist schlimme Konflikte, Ängste, aber auch eine Art der Überforderung. Psychotherapeutische Behandlungen und suggestive Behandlungsmethoden sind bei dieser Erkrankung unerlässlich.

Das Ohr wird auch das Auge des Gemüts genannt. Wer nichts mehr oder wenig hört, der verliert dadurch die Fähigkeit, Stimmungen anhand der gesprochenen Worte zu erkennen. Es kommt dadurch zum Wegfall emotionaler und sozialer Aspekte. Auch das Urvertrauen bekommt durch den Wegfall des Hörvermögens einen immensen Knacks. Es besteht ein höheres Risiko, nicht nur im Straßenverkehr. Es kann zu heftigen Angststörungen und krankhaften Vertrauensstörungen kommen. Auch sogenannte Wahnkrankheiten wie Hypochondrie können folgen.

KAPITEL ACHT

Unsere Sinne und die Psychologie

UM DAS LEBEN IN vollen Zügen zu genießen, verfügen wir über ein buntes Repertoire an Sinnen. Diese Sinne machen das Leben erst so richtig lebenswert und erst nach einem Wegfall oder einer Beeinträchtigung können wir diesen so richtig schätzen.

Der Geruchssinn kann Fluch und Segen zugleich sein. Wenn morgens der Kaffee duftet oder der Geruch von frisch gebackenem Kuchen durchs Haus zieht, dann ist es der Himmel auf Erden. Der Geruch von Erbrochenem oder zum Beispiel Hundekot kann das absolute Gegenteil bedeuten.

Wenn die Rezeptorproteine der olfaktorischen Zilien mit der Riechschleimhaut interagieren, dann machen sich Gerüche bemerkbar, egal ob angenehme oder unangenehme. Der Geruch sorgt für angenehme Stimmung, kann jedoch auch als Warnhinweis dienen. Auch im zwischenmenschlichen Bereich ist der Geruchssinn sehr wichtig. Nicht umsonst heißt es: Man kann sich nicht riechen. Menschen, die offensichtlich nicht füreinander bestimmt sind, empfinden den anderen geruchstechnisch eher als unangenehm. Paare, die jedoch optimal füreinander bestimmt sind, finden den Geruch des anderen sehr attraktiv und anziehend.

Der Geschmackssinn ist nicht nur für Köche sehr wichtig. Dieser Sinn lässt uns genießen, oder eben auch die Gefahr erkennen. Ein herrliches Mahl zergeht auf der Zunge, wenn die unterschiedlichen Aromen auf dieser tanzen. Ist eine Speise jedoch verdorben oder gar giftig, kann uns der Geschmackssinn davor warnen. Extrem bittere Geschmäcker empfinden wir als unangenehm, könnt dies doch ein Hinweis auf Gift sein.

Um eine Speise in ihrer vollen Breite zu genießen, ist eine Kombination von Geruch und Geschmack von Nöten. Unser Geschmackssinn befindet sich auf der Zunge. Diese ist mit den Papillen bedeckt, die unterschiedliche Geschmacksrezeptoren enthalten. Wir unterscheiden zwischen süß, sauer, bitter und salzig. Seit dem Jahr 2000 gibt es auch eine weitere Geschmacksrichtung, umami. Diese wird als fleischig oder besonders tiefgründig bezeichnet und kann mit dem Geschmack nach Glutamat aus der asiatischen Küche verglichen werden.

Die Geschmacksrezeptoren lassen sich leicht zerstören, tauschen sich jedoch alle paar Tage wieder selbst aus. So können übermäßiger Alkohol, rauchen, zu heißes oder zu scharfes Essen nur einen relativ kurzfristigen Schaden anrichten. Es kommt nur sehr selten vor, dass es zu dauerhaften Schädigungen der Geschmacksrezeptoren kommt. Unser Geschmackssinn ist der robusteste Sinn, den wir besitzen.

Die Haut ist unser bemerkenswertestes Organ und lässt uns die sanften, schönen, oder auch harten Berührungen verspüren. Die Hautsinne lassen uns Wärme, Kälte und Druck spüren. Sie sind somit für unsere Empfindungen in hohem Maße mitverantwortlich. Je höher die Dichte der Nervenendungen ist, um so empfindlicher ist auch die einzelne Körperregion. Manche Stellen des Körpers sind empfindlicher als andere.

Das Gehirn verarbeitet bei jeder Berührung die einzelnen Signale. Wärme- und Kältefasern sind für das Erkennen der unterschiedlichen Temperaturen verantwortlich. Der Berührungssinn oder Hautsinn ist wichtig für unser zwischenmenschliches Empfinden und Verhalten. Wir spüren, wenn uns Trost geschenkt wird, durch Berührungen zeigen wir Leidenschaft und Zuneigung und für unsere Sexualität sind natürlich die erogenen Zonen extrem wichtig. Diese sind für unser erotisches und sexuelles Empfinden verantwortlich.

Berührungen sind für uns Menschen, aber auch für Tiere sehr wichtig. Krankheiten können durch Berührungen vermindert oder geheilt werden. Jedoch gibt es auch psychische Störungen, bei welchen die Betroffenen Angst vor genau diesen Berührungen haben. Diese Störung nennt man in der Fachsprache Aphephosmophobie.

Die Aphephosmophobie oder Berührungsangst kann sich auf eine bestimmte Gruppe von Menschen auswirken, wie zum Beispiel als Angst vor Berührungen durch Menschen des anderen Geschlechts. Manche Betroffenen leiden jedoch unter Angst vor jeglichen Berührungen. Häufig ist die Aphephosmophobie ein Bestandteil anderer psychischer Erkrankungen und tritt gemeinsam mit diesem auf.

Sobald ein Patient von einem Menschen berührt wird, bricht er in einen Angstzustand aus. Häufig kann sogar ein Händeschütteln, ein Klopfen auf die Schulter oder nur das Streifen im Vorbeigehen Auslöser für eine Angstattacke sein. Manchen Patienten wird lediglich schlecht, andere erleiden Schweißausbrüche, Panikattacken oder fallen sogar in Ohnmacht. Der Puls beschleunigt sich, das Herz fängt an wie wild zu pochen und der Körper ist mit Schweiß überströmt. Es kommt zu Atembeschwerden und zu Schwindel und der Betroffene fühlt sich absolut unangenehm.

Hinter diesen Berührungsängsten können generelle soziale Störungen, wie Angst vor Menschen stecken. Menschen mit einer Sozialphobie kennen meist keinen konkreten Auslöser für diese Beeinträchtigung. Häufig steckt auch eine Angst vor Nähe dahinter und Patienten besitzen ein sehr geringes Selbstwertgefühl.

Manche haben jedoch auch andere Phobien, die als Auslöser festgemacht werden können. Dazu zählt vor allem die Angst vor Krankheiten, Keimen und Erregern. Die Angst vor Berührungen kann jedoch auch nach harten Zwischenfällen wie Missbrauch auftreten. In allen Fällen ist jedoch eine psychologische Behandlung und Therapie unbedingt notwendig, damit es nicht zur totalen sozialen Ausgrenzung kommt. Angst vor körperlicher oder emotionaler Nähe kommen nicht selten vor und werden in der heutigen Gesellschaft immer stärker.

Auch für diese Art von Störungen oder Phobien gibt es eine breite Palette an Therapien. Am häufigsten hilft eine effektive Konfrontationstherapie. Auch ist es möglich, den Betroffenen zu desensibilisieren. Hier werden die Betroffenen behutsam an die Auslöser für die Ängste herangeführt. Im Vorfeld steht natürlich, den Auslöser für die Ängste zu finden und anschließend mit dem Patienten gemeinsam eine sensible und angepasste Therapie zu entwickeln.

Der Gleichgewichtssinn ist einer der Sinne, dem wir meist etwas zu wenig Beachtung schenken, so lange alles stimmt. Wer jedoch seinen Gleichgewichtssinn verliert, der leidet unter massiven Problemen. Es kommt zu vermehrten Stürzen, Desorientierung, Schwindel und Übelkeit. Mit der Zeit kann der verlorene Gleichgewichtssinn durch die anderen Sinne unterstützt und ausgeglichen werden. Dennoch bleibt es unangenehm, wenn einer der Sinne versagt.

Verbunden mit dem Gleichgewichtssinn ist zum Beispiel die Reisekrankheit. Diese entsteht, wenn sich die Sinne des visuellen Systems nicht mit dem Gleichgewichtssinn vereinbaren lassen. Man sitzt im Auto, bewegt sich selbst nicht und sieht wie die Landschaft vorbei zieht. Dies kann zu starkem Schwindel und Übelkeit führen. Verstärkt wird dies häufig, wenn man während der Fahrt in einem Buch liest oder am Laptop oder Telefon vertieft ist. Als Fahrer leidet man eigentlich nie unter Reiseübelkeit, da man als Lenker die Bewegung sowohl sehen als auch fühlen kann und die Sinne somit in Balance bleiben.

Der kinästhetische Sinn ist jener Sinn, der permanent sensorische Rückmeldungen über die ausgeführten Bewegungen gibt. Sämtliche willkürlich ausgeführte Bewegungen werden durch diesen Sinn koordiniert. Die Rezeptoren für diesen Sinn befinden sich in den Gelenken, den Muskeln und den Sehnen. Sie reagieren auf Veränderungen im Druck und auf Dehnung, Verkürzung und die Anspannung der Muskeln.

Schmerz oder Schmerzsinn ist ebenfalls wichtig, weil dieser den Körper vor gravierenden Schäden bis hin zur Zerstörung warnen kann. Schmerz ist ein Abwehrsignal, auf welches man unbedingt hören sollte um größere Verluste zu vermeiden. Denken Sie alleine an das leichte Pochen im hinteren Backenzahn. Dieser Schmerz signalisiert, dass es höchste Zeit ist, zum Zahnarzt zu gehen. Wer dies auf Dauer ignoriert, der riskiert den totalen Verlust des Zahns, und natürlich noch viel heftigere Schmerzen.

Endorphine beeinflussen innerhalb des Gehirns das Schmerzempfinden. Schmerz stillende Medikamente wie Morphium docken an den selben Rezeptoren im Gehirn an, wie Endorphine. Endorphine sind laut Forschung auch für die Wirkung von Placebos und zum Beispiel Akupunktur verantwortlich. Unser psychischer Zustand ist dafür verantwortlich, wie stark wir Schmerzen spüren, wie wir mit den Schmerzen umgehen und wie gut oder schlecht der Schmerz verarbeitet wird.

Was ist das Bewusstsein?

Das Bewusstsein ist das Erleben der Existenz. Wir erkennen uns als Individuum und als eigenständige Persönlichkeit. Ohne dieses Bewusstseins gäbe es keinerlei Interaktion und wir wären einfach nichts. „Ich denke, also bin ich." erklärt das Bewusstsein wohl treffend und auch wenn diese Aussage alt ist, so ist sie auch in einer Million Jahren noch zutreffend.

Das Bewusstsein ist für uns alle selbstverständlich, denn es ist einfach da. In allen Aspekten unseres Lebens, egal ob wir träumen, gehen, arbeiten, spielen, Spaß haben, lachen oder weinen, stets machen wir dies bewusst. Natürlich gibt es auch Bewusstseinszustände, die sich bis heute nicht vollständig erklären lassen. Zu diesen gehören zum Beispiel das Koma, oder auch die Narkose. Doch jeder andere Zustand lässt sich vollkommen objektiv und auch genau erklären. Sie riechen etwas Unangenehmes und sind sich der Sachlage bewusst, dass der Nachbar gerade Gülle auf den Feldern verteilt. Sie spüren ein Kribbeln im Bauch und sind sich bewusst, dass Sie genau in diesem Moment von Ihrem Liebsten umarmt werden.

Natürlich geschehen viele Dinge im Unterbewusstsein und man handelt automatisch. Sobald man sich jedoch auf eine Tätigkeit konzentriert, so wird man sich dessen wieder bewusst. Das Bewusstsein kann sich auf Objekte fokussieren, aber auch auf Tätigkeiten und Gefühle. Es begleitet uns vom Öffnen der Augen bis zu dem Punkt an dem wir wieder einschlafen. Eine bewusste Reflexion über sich selbst nennt man Selbstbewusstsein. Dieses ist für die eigene, mentale Stärke verantwortlich und dafür, wie man sich vor sich und den Mitmenschen präsentiert.

Auch Wahrnehmung und Aufmerksamkeit fallen unter den Begriff Bewusstsein. Wir nehmen täglich Millionen von Dingen wahr und schenken diesen mehr oder weniger Aufmerksamkeit. Dazu wollen wir nun endlich wieder zu einer Übung kommen, bei der Sie Ihr Büchlein oder einen Zettel zur Hand nehmen und Notizen machen. Setzen Sie sich hin und betrachten Sie aufmerksam Ihr Umfeld. Notieren Sie nun zehn Dinge, die Sie bis jetzt nicht unbedingt und offensichtlich wahrgenommen haben. Das kann der kleine Sprung in der Wand sein, oder der Fleck am Boden. Das verschmutzte Fenster oder der vergilbte Vorhang können ebenso auf der Liste landen, wie das Buch, welches etwas schief im Bücherregal steht. Konzentrieren Sie sich jedoch auf Dinge, die Ihnen im Allgemeinen nicht sofort ins Auge stechen. In den nächsten Tagen werden Sie bemerken, dass Ihre Aufmerksamkeit nun genau auf diese Dinge gelenkt wird. Sie haben nun Ihren Fokus auf diese Dinge gerichtet.

Dann gibt es natürlich jene Dinge die automatisch den Fokus auf sich ziehen. Hierbei handelt es sich um die sogenannte zielgesteuerte Wahl. Zu diesen Dingen zählt die Schachtel Pralinen, die seit letzter Woche im Schrank liegt und stündlich schreit: "Iss mich!" Wir nehmen Bewegungen wahr und erkennen Farben, Formen und Tiefen. Wir bemerken anhand von Gesichtern und Gesten, wie sich die Stimmung der Mitmenschen verändert und fühlen Temperaturen, die Strahlen der Sonne oder die Schneeflocken auf unserer Haut. Alles geschieht in vollem Bewusstsein, auch wenn wir es nicht als solches wahr nehmen. Ziel sollte es sein, unser Leben wieder viel bewusster wahr zu nehmen. Dadurch entkommen wir der Selbstverständlichkeit und geben dem Leben wieder mehr Sinn. Wenn wir uns darauf konzentrieren, wieder bewusster zu leben, dann erleben wir uns und unsere Umwelt wieder intensiver. Körper, Geist und Seele gelangen in Einklang und unser Handeln und Denken ist von Achtsamkeit geprägt.

Bewusstes Leben bereichert den Alltag. Durch ein bewusstes Leben entscheiden Sie sich konsequent gegen den Alltagstrott und die Routine. Dies kann sich in vielen kleinen Dingen bemerkbar machen. Oft essen wir einfach nebenbei und wissen Stunden später nicht einmal, wie die Mahlzeit geschmeckt hat. Wir starren in den Fernseher und können uns später nicht mehr erinnern, welche Sendung wir gesehen haben. Ein bewusstes Leben bringt Sie jedoch wieder an jenen Punkt zurück, an dem Sie sich für Ihre eigenen Handlungen entscheiden.

Sie können das bewusste Leben wieder Schritt für Schritt neu erlernen. Gehen Sie hinaus in den Garten und riechen Sie an den unterschiedlichen Blumen. Saugen Sie den Duft des Waldes ein und erfreuen Sie sich an der kühlen Brise oder den wärmenden Sonnenstrahlen. Lassen Sie das Stück Schokolade genüsslich auf der Zunge zergehen und schmecken Sie sämtliche Komponenten heraus. Der aromatische Kakao, die süße Sahne und die knackigen Nüsse tanzen auf den Geschmacksrezeptoren einen Reigen. Sie werden bemerken, alleine durch diese kleinen Dinge erleben Sie ein unheimliches und lange nicht mehr verspürtes Glücksgefühl.

Bewusst leben bedeutet jedoch nicht nur, das Leben mehr zu genießen. Sie werden auch wieder fähig sein, Ihr Leben selbst zu bestimmen. Sie sitzen nicht mehr mechanisch im Büro und absolvieren Ihre täglichen acht Stunden, sondern bereichern den Arbeitsalltag mit eigenen Ideen. Dadurch stecken Sie auch andere mit Ihrer Motivation und Lebensfreude an. Sie bemerken viele kleine Wunder des Lebens, die Sie bis jetzt übersehen oder ignoriert haben.

Durch ein bewusstes Leben bauen Sie auch automatisch Stress ab und beugen dadurch psychischen Belastungen wie Burn-out oder Depressionen vor. Ängste können vermieden werden und auch Ihr Horizont kann sich erweitern, einfach, weil Sie nun bereit sind, alles aufzunehmen. Sie können Ihre Leistung steigern und fühlen sich lebendig, vital und stark. Auch wird das Leben automatisch bunter, da Sie nun so viele Dinge wahrnehmen, die Sie bis jetzt immer übersehen haben.

Doch wie funktioniert das mit dem bewussten Leben genau? Muss man dafür nicht unendlich lange meditieren und mit sich und der Welt im Einklang sein? Sie werden überrascht sein, mit wie wenig Aufwand Sie sich sofort für ein Leben mit mehr Bewusstsein entscheiden. Punkt eins ist einfach, dass Sie sich mehrmals täglich einfach fünf Minuten Auszeit gönnen. Diese Minuten gehören nur Ihnen. Sie können sich dabei mit geschlossenen Augen entspannen, oder Ihr Lieblingslied hören.

Ein weiterer Punkt ist, dass Sie sich von nun an immer auf die Tätigkeit konzentrieren, die Sie gerade ausführen. Wenn Sie kochen, riechen Sie an den Gewürzen, lassen Sie den Duft bewusst in Ihre Nase steigen und naschen Sie einfach aus dem Kochtopf. Wenn Sie lesen, lassen Sie sich von nichts ablenken und bei der Arbeit fokussieren Sie sich konzentriert auf Ihre Aufgabe.

Hören Sie in Ihren Körper hinein. Am besten ist dies abends, wenn Sie bereits im Bett liegen. Warum schmerzen heute die Füße besonders?

Warum sind Sie heute extrem müde oder nach Mitternacht immer noch absolut top fit? Warum zwickt es im Bauch oder warum haben Sie jetzt gerade Kopfschmerzen? Nehmen Sie sich einige Minuten Zeit und beantworten Sie sich selbst diese Frage.

Wenn Sie einen Partner haben, nehmen Sie sich täglich Zeit, den anderen nach seinem Befinden zu fragen. Lassen Sie dies jedoch nicht zu einem belanglosen und oberflächlichen Gespräch werden, sondern hören Sie aufmerksam zu. Reagieren Sie und erzählen Sie auch selbst von den eigenen Gefühlen.

Lernen Sie wieder richtig zu atmen. Atmen Sie tief durch die Nase ein und durch den Mund wieder aus. Kontrollieren Sie Ihren Atem und spüren Sie, wie dieser den ganzen Körper mit frischem und gesundem Sauerstoff versorgt. Atmen Sie tief in den Bauch hinein und bemerken Sie, wie jeder Atemzug den Körper mit neuer Energie versorgt.

Nehmen Sie Ihre Umgebung wieder ordentlich wahr. Achten Sie darauf, was sich in letzter Zeit im Garten oder im Stiegenhaus verändert hat. Grüßen Sie die Nachbarn, riechen Sie den Duft des Brotes, wenn Sie an der Bäckerei vorbei gehen und schärfen Sie Ihre Sinne.

Hören Sie auf, etwas automatisch zu machen. Verändern Sie Ihre Gewohnheiten. Das kann der simple Kaffee am Morgen sein, den Sie durch einen fruchtigen Tee oder einen cremigen Shake ersetzen. Gehen Sie einen anderen Weg zur Arbeit, oder essen Sie mittags nicht immer im selben Restaurant. Brechen Sie mit der Routine. Bereits kleine Veränderungen bringen Sie mit Riesenschritten einem bewussten Leben entgegen.

Schlafen und Träumen

Ein gesunder Schlaf und unsere Psyche hängen sehr eng zusammen. Wer unter Schlafstörungen leidet und über einen längeren Zeitraum hinweg nicht auf eine angemessene Anzahl an Stunden Schlaf kommt, der wird neben Übermüdung auch Aggressionen bis hin zu Depressionen verspüren.

Laut amerikanischen Studien sind sieben Stunden Schlaf perfekt. Diese Anzahl an Stunden Schlaf wirken sich auch positiv auf das Herz aus. Laut dieser Studie steigt bei durchschnittlich fünf Stunden Schlaf das Risiko, einen Schlaganfall oder Herzinfarkt zu erleiden auf das Doppelte. Auch bei mehr als neun Stunden Schlaf täglich ist das Risiko an diesen Krankheiten zu erkranken um 1,5 Mal so hoch als bei 7-Stunden Schläfern.

Ausreichend Schlaf wirkt sich auch auf unsere Kreativität aus. Ebenfalls durch Studien nachgewiesen wurde, dass sich der Schlaf auf die Entwicklung der Sprache auswirkt. Sowohl bei der Entwicklung von Babies und Kleinkindern, als auch im erwachsenen Alter fördert genügend Schlaf die Fähigkeit Sprachen besser zu lernen. Laut Studie von 2006 aus Tucson Arizona ist es besonders effektiv, nach einem 30-minütigen Schlaf Sprachen zu lernen. Auch Babies und Kleinkinder konnten nach einem Nickerchen von einer halben Stunde sprachliche Zusammenhänge besser erfassen und verarbeiten. In der Universität von Florida wurden auch Forschungen an Neugeborenen durchgeführt. Hier konnte nachgewiesen werden, dass Neugeborene sogar im Schlaf lernen.

Vor schweren Prüfungen und kniffligen Aufgaben sollte besonders auf ausreichend Schlaf geachtet werden. Nicht nur die Nervosität kann sich dadurch schneller legen, auch die Konzentration erweist sich als bedeutend stärker. Auch wenn Sie eine schwere Entscheidung zu treffen haben, sollten Sie noch einmal darüber schlafen. Nicht umsonst heißt es im alten Sprichwort, einmal darüber schlafen und alles wird gut. Schlaf kann helfen, die richtige Perspektive zu finden, oder an die Sache mit einem klaren Kopf heranzugehen.

Auch soziale Kontakte und ausreichend Schlaf sind untrennbar miteinander verbunden. Menschen mit vielen guten und positiven sozialen Kontakten schlafen laut Umfragen besser. Wer ausreichend schläft hat auch weniger Probleme um Kontakte zu knüpfen und neue Freunde zu finden.

Wer sich gerne auf sein Bauchgefühl verlässt und damit auch durchwegs positive Ergebnisse erzielt, der schläft garantiert ausreichend. Denn auch hier ließe sich mittels Studien ein klarer Zusammenhang erkennen. Wer permanent zu wenig schläft trifft häufig die falschen Entscheidungen oder ist eher zögerlich, wenn es darum geht, zwischen richtig und falsch zu wählen.

Wichtig ist, dass Sie, auch wenn Sie unter der Woche zu wenig Schlaf bekommen, diesen am Wochenende wieder konsequent nachholen. Schlaf lässt sich quasi nachtanken. Es bringt eher wenig vorzuschlafen, doch das Schlafdepot lässt sich nachträglich wieder auffüllen. Auch ist es kein Märchen unserer Eltern und Großeltern, dass der beste Schlaf vor Mitternacht stattfindet. Der optimale Schlafrhythmus ist, zeitig ins Bett zu gehen und früh mit den Vögeln aufzustehen. Dass der frühe Vogel den Wurm fängt ist ebenfalls mehr als nur ein Sprichwort. Wer morgens ausgeschlafen erwacht ist fit und mit positiver Energie geladen.

Wie wichtig der Schlaf ist zeigt sich auch bei den jährlichen Zeitumstellungen oder bei Fernreisen. Wird die Nacht um eine Stunde verkürzt, so sind viele für Tage gerädert. Auch bei langen Flügen ist es nicht die Reisezeit an sich, die zum sogenannten Jetlag führt, sondern der Mangel an Schlaf. Daher sollten Sie immer darauf achten, die fehlende Stunde einzukalkulieren und wenn möglich anzuhängen, und auch bei einer Flugreise sollte der gewohnte Schlafrhythmus nicht unterbrochen werden.

Viele gesundheitliche Probleme und vor allem Depressionen können mit einem schlechten und zu wenig Schlaf verbunden werden. Generell leiden mehr Frauen als Männer unter Depressionen als Folge von Schlafstörungen. Für einen besseren Schlaf können Sie mit einigen kleinen Tricks sorgen. Die Umgebung ist wichtig. Das Schlafzimmer sollte aufgeräumt und gut gelüftet sein. Auch sollten sich die Fenster abdunkeln lassen und auch die Wahl der Matratze und der Bettwäsche spielen eine tragende Rolle. Vor dem Schlafen sollten Sie auf schweres Essen verzichten und auch Alkohol ist nicht unbedingt positiv, wenn Sie sich einen erholsamen Schlaf wünschen. Aufregung, Streit und Kreisgedanken wirken sich ebenfalls negativ auf das Schlafverhalten aus. Wenn Sie Schwierigkeiten haben, Schlaf zu finden, sollten Sie sich angewöhnen, vor dem zu Bett gehen kurz zu meditieren. Eine kurze Meditation von fünf Minuten täglich kann hier wahre Wunder wirken.

Unsere Träume

Schon seit Ewigkeiten gibt es Traumdeuter und jeder versucht Schlüsse aus dem Geträumten zu ziehen. In der Psychologie heißt es, dass surreale Träume versteckte Wahrheiten verraten. Schlaf- und Traumforschung ist ein sehr spannendes Gebiet und egal ob man damit den Alltag aufarbeitet, oder einen Blick in die Zukunft wirft, es ist interessant, die Träume zu deuten und sich damit näher zu befassen.

Träumen Sie regelmäßig und können Sie sich nach dem Aufwachen noch an die Träume erinnern? Hier kommt nun die nächste Aufgabe, die Sie in Ihr Büchlein schreiben. Versuchen Sie eine Woche lang, sich an die Träume der Vornacht zu erinnern. Nehmen Sie sich morgens einige Minuten Zeit, setzen Sie sich gemütlich hin und notieren Sie sämtliche Fetzen, die Sie sich ins Gedächtnis rufen können. Notieren Sie Personen und Situationen, die Ihnen im Traum begegnet sind. Erst später, wenn Sie wirklich Zeit haben, versuchen Sie diese Träume zu deuten.

Überlegen Sie, ob Sie mit diesen Träumen Gefühl oder Erlebnisse aufarbeiten müssen oder ob es sich um versteckte und unterdrückte Wünsche oder Sehnsüchte handelt. Interessant ist auch, dass Träume bei der Gehirnentwicklung mitspielen. Während der sogenannten REM Phase arbeitet das Gehirn auf Hochtouren und wir erleben den absoluten Tiefschlaf. Während dieser Phase kommt es auch zu den emotionalsten Träumen. Außerhalb dieser Tiefschlaf-Phase sind unsere Träume eher sachlich. Wenn Sie sich nun mit Ihren Träumen befassen erkennen Sie sofort, an welche Träume Sie sich besser erinnern. Sind diese eher emotional und von Gefühlen dominiert oder sachlich geprägt? Dies sagt aus, wie qualitativ hochwertig Ihr Schlaf ist, denn gesünder ist natürlich der tiefe und erholsame Schlaf. Obwohl auch hier kontroverse Theorien. Vermehrter REM Schlaf kann zu einer Art Mini Depressionen führen, während weniger REM Phase für eine gehobene Stimmung sorgt. Diese Gefühle verschwinden zwar kurz nach dem Erwachen wieder. Länger für eine gedrückte Stimmung können Albträume sorgen. Gerade immer wiederkehrende Albträume können uns bis in den Alltag verfolgen und gedanklich beschäftigen.

Albträume und Depressionen sind ebenfalls eng verbunden. Viele Menschen versuchen die Albträume nach dem Erwachen schnell wieder zu vergessen, doch dies ist nichts anderes, als ein Problem zu verdrängen. Wichtiger und richtiger wäre es, diese Albträume aufzuarbeiten. Um Albträume aufzuarbeiten eignet sich am besten die sogenannte Imagery Rehearsal Therapy. Schreiben Sie auch Ihre Albträume so konkret wie möglich auf. Überlegen Sie sich dann tagsüber, wie Sie mit den Situationen in den bösen Träumen umgehen sollen. Finden Sie im wachen Zustand nach einer Lösung und versuchen Sie diese in einer Art Wachtraum zu durchleben. Sie werden sehen, der Albtraum wird sich schnell in Wohlgefallen auflösen.

Vielleicht werden Sie sich in den ersten paar Tagen überhaupt nicht an das Geträumte erinnern. Je mehr Sie sich jedoch mit Ihren Träumen befassen, um so klarer kommt auch die Erinnerung daran hervor. Es ist auch eine Art Trainingssache, dass Sie sich an Ihre Träume erinnern können. Sie können sich auch ein separates Traumtagebuch anlegen. Auch wenn es für Sie komisch klingen mag, es ist wirklich spannend und kann immens helfen, Probleme und Schwierigkeiten aufzuarbeiten.

Was sind luzide Träume?

Luzide Träume werden auch Klarträume genannt. Bei diesen Träumen erleben Sie die Geschichten der Nacht besonders klar und intensiv. Das Besondere an diesen Träumen ist jedoch, dass Sie sich auch ganz bewusst sind, dass Sie träumen. Sie können im Schlaf auch den Traum selbst steuern und bestimmen, ob Sie nun das Haus betreten, am Seeufer sitzen, oder jede erdenkliche Handlung ausführen. Sie sind quasi der Regisseur und erleben den Traum nach Ihren Vorstellungen.

Luzide Träume sind meist ein Zeichen für extreme Kreativität aber auch Spiritualität. Auf jeden Fall ist es positiv, die Träume selbst beeinflussen zu können, denn so sinkt auch die Anzahl der Albträume, die Sie quälen. Der Psychologe Stephen La Berge konnte im Jahre 1970 beeindruckende Studien zu luziden Träumen veröffentlichen. Wissenschaftlich erwiesen wurde, dass es möglich ist, während der luziden Träume zu lernen. Während der Träume übten Probanden Stenographie oder das Tippen auf der Schreibmaschine. Auch Vokabeln und ähnliches wurde während der luziden Träume trainiert. Die Probanden, die während der Träume übten, konnten sich auch im wachen Zustand besser an die Wörter, die Kürzel und die Tippabfolgen erinnern. Die Trainingserfolge konnten sogar mit den Erfolgen verglichen werden, die im realen Training erzielt wurden.

Luzide Träume lassen sich durch gezieltes Training, aber auch Meditation und Hypnose erreichen. Wenn Sie in der Phase eines luziden Traums einen Albtraum erleben, versuchen Sie nicht diesen abzubrechen, sondern finden Sie einen Weg heraus. Häufig träumen wir von Verfolgungsjagden. Steuern Sie diesen Traum so, dass Sie im Nu entkommen, oder sich der Verfolger als Freund entpuppt, der Ihnen etwas wichtiges mitteilen möchte.

Ein luzider Traum ist ein sehr intensives Erlebnis und Sie werden es an Ihrem Energielevel bemerken, dass Sie eine Veränderung durchlaufen. Viele schätzen die luziden Träume auch, da man darin Sehnsüchte ausleben und Dinge unternehmen kann, die im echten Leben nicht möglich sind. Egal ob eine Reise in die Südsee oder einen besonderen Job, hier können Sie alles tun, wonach Ihnen der Sinn steht. Sie können mit einem geliebten Menschen traumhafte Stunden verbringen oder Differenzen mit gewissen Personen klären. Luzide Träume sind jedoch mehr als nur eine Flucht aus der Realität. Sie können dadurch auch Situationen des Alltags auflösen.

Immer wieder kehren bei vielen die sogenannten Verarbeitungsträume, die stets nach einem ähnlichen Schema ablaufen. Der bekannteste dieser Träume ist der Falltraum. Sie träumen zu fallen und spüren es so intensiv, dass Sie meist kurz nach der Landung sogar erwachen. Auch der Termintraum ist einer der Verarbeitungsträume. Bei diesem scheint es unmöglich, zum gewünschten Termin zu erscheinen. Sie verspäten sich, egal, was Sie auch unternehmen. Ein weiterer Verarbeitungstraum ist der Verfolgungstraum, bei welchem Ihre Füße wie gelähmt sind und Sie nicht vom Fleck kommen.

Wenn Sie nun in einen luziden Traum eintauchen, können Sie sämtliche dieser Situationen auflösen. Sie greifen ein und lassen sich zum Beispiel Flügel wachsen und fliegen kurz vor dem Aufprall davon. Sie erreichen in letzter Sekunde ein Taxi und kommen zum Termin, oder nehmen einen Helikopter, der Sie rechtzeitig zum Meeting bringt. Auch eine Verfolgungsjagd können Sie im luziden Traum ganz nach Ihren Vorstellungen gestalten.

Nun wollen wir Ihnen jedoch Schritt für Schritt erklären, wie auch Sie einfach zum luziden Traum gelangen. Der Beginn ist auch hier das Traumtagebuch, in welches Sie sämtliche Notizen und Erinnerungen schreiben. Wenn Sie nicht so gerne schreiben, können Sie auch ein Videotagebuch führen.

Vor dem Schlafen sollten Sie sich stets ein Mantra zurecht legen. "Ich erinnere mich morgen früh an jede Einzelheit meiner Träume" Diese Autosuggestionen sind sehr wichtig und hilfreich. Auch eine Meditation, eine Hypnose oder eine leichte Trance vor dem Einschlafen hilft Ihnen, in den luziden Traum einzutreten. Gerade bei der Meditation oder der Trance werden Sie fast nahtlos in einen luziden Traum hinüber gleiten.

Erleben Sie die Minuten nach dem Erwachen intensiv und positiv. Nehmen Sie sich die Zeit, noch einige Minuten im Bett liegen zu bleiben und mit positiven Gefühlen den Traum Revue passieren zu lassen. Versuchen Sie, dass Sie sich im Traum immer wieder selbst daran erinnern, dass Sie träumen. Sie bemerken schnell ob Sie wach sind oder träumen, wenn Sie versuchen die aktuellen Nachrichten zu lesen, die genaue Uhrzeit abzulesen, oder zum Beispiel die Finger oder Zehen zu zählen. Egal ob wach oder Traum, versuchen Sie jeden Moment auszukosten, bewusst zu erleben und zu genießen.

Was ist Hypnose?

Hypnose ist ein schlafähnlicher Zustand, bei dem es sich jedoch nicht wirklich um Schlaf handelt. Viele kennen Hypnose nur aus opulent arrangierten Shows der Zauberer und selbsternannten Mentalisten. Hinter diesen stecken jedoch meist nur faule Zaubertricks. Viele haben vor Hypnose auch Angst, da sie denken, von fremden dunklen Mächten gesteuert zu werden. Daher ist es auch wichtig, eine Hypnose immer nur in einem angenehmen Umfeld zuzulassen, und auch nur im Beisein von Menschen, denen man vertraut.

Hypnose ist nichts anderes als eine absolut tiefe Entspannung. Bei der Hypnose tauchen Sie in eine andere Welt ein und können absolut relaxen. Sie erleben den hypnotischen Zustand im Unterbewusstsein und häufig ist es so, dass Sie sich nach dem Erwachen aus der Hypnose an das Erlebte nicht mehr erinnern können. Das absolute Bewusstsein tritt in den Hintergrund und alles wird eher von der Gefühlsebene geleitet. Hypnose ist wie eine schöne, positive Reise und hat nichts damit zu tun, dass man willenlos oder ausgeliefert ist. Die Hypnose erreicht man am besten in einer gemütlichen Position mit geschlossenen Augen. Die sanfte Stimme des Hypnotiseurs begleitet Sie auf die Reise und Sie können sich einfach fallen lassen. Schalten Sie alle Gedanken aus.

Doch wofür ist eine Hypnose gut? Dient diese rein der Entspannung? In der Psychologie werden Hypnosen positiv eingesetzt, damit Ängste und Blockaden, aber auch festgefahrene Glaubensmuster und Verhaltensweisen gelöst und verarbeitet werden können. Eine Hypnose lässt sich jedoch nur durchführen, wenn Sie bereit dazu sind und sich auch darauf einlassen wollen. Zweifel oder Ängste wirken meist kontraproduktiv und Ihre Seele kann sich nicht auf eine entspannte Reise begeben.

Sie müssen keine Angst haben, dass Sie für immer im hypnotisierten Zustand verweilen müssen. Auch wenn der Hypnotiseur Sie nicht wieder wecken würde, würden Sie nach einiger Zeit von selbst und automatisch wieder aus diesem Zustand erwachen. Wer jedoch immer noch Hemmungen vor einer Hypnose hat, der kann es auch mit Selbsthypnose versuchen. Dabei geht es von der Meditation in eine Tiefenentspannung und eine leichte Trance über. Diese Selbsthypnose können Sie ganz einfach zu Hause anwenden. Machen Sie es sich bequem und sorgen Sie für absolute Ruhe. Nichts darf Sie ablenken. Keinerlei Geräusche und angenehme Temperaturen sollen im Raum herrschen. Zusätzlich können Sie mit Räucherstäbchen, Duftlampen, Kräutern und Kerzen für eine angenehme Stimmung sorgen. Entweder Sie meditieren nach eigenen Methoden, oder Sie besorgen sich aus dem Fachhandel oder auch im Internet eine Anleitung zur Selbsthypnose. Diese funktioniert meist mit einem Audioprogramm sehr gut. Wer bereits Erfahrung mit Selbsthypnose hat, benötigt kaum Hilfe von außen. Autogenes Training und die richtige Steuerung der Gedanken bringt Sie im Nu dahin, wo Sie hin möchten.

Was ist Meditation?

Auch bei der Meditation handelt es sich um eine Art der Entspannung. Meditation kann Sie in einem stressigen Moment sofort wieder erden und die Belastung des Moments fällt ab. Im Gegenteil zur Hypnose benötigen Sie für eine Meditation wenig Erfahrung oder Übung, und auch bedeutend weniger Zeit. Bereits einige wenige Minuten der Meditation können sich wie ein Kurzurlaub anfühlen.

Meditation funktioniert zum größten Teil über die Atmung. Diese Entspannungsübung, welche ursprünglich aus Asien stammt, hilft Ihnen, mit Körper, Geist und Seele in Einklang zu kommen. Diese leicht spirituelle Praxis kann in vielen Situationen ein Rettungsanker sein. Stellen Sie sich vor, der Tag im Büro ist stressig und gerade gab es extremen Ärger mit dem Chef. Wie schön wäre es, wenn es dafür ein rasches Mittel gäbe, damit der Ärger wieder von Ihnen abfallen kann. Dieses Heilmittel gibt es, und es nennt sich Meditation. Falls Ihnen Meditation zu esoterisch klingt, können Sie diese auch als Atemübung bezeichnen. Nun aber zurück zur stressigen Situation am Arbeitsplatz. Setzen Sie sich auf Ihren Bürostuhl oder suchen Sie sich einen ruhigen Ort in der Küche oder auf dem Gang in einer Nische. Schließen Sie die Augen und atmen Sie ganz bewusst durch die Nase ein. Halten Sie den Atem für einige Sekunden an und atmen Sie tief durch den Mund aus. Wiederholen Sie diesen Vorgang etwa 10 Mal und versuchen Sie wirklich, alle Gedanken auszuschalten. Konzentrieren Sie sich einzig und alleine auf die Atmung und auf den Atem selbst. Werden Sie eins mit Ihrem Körper. Verfolgen Sie den Atem, der durch Ihren Körper fließt und spüren Sie sofort, wie Sie ruhiger werden.

Diese kurzen Meditationen können Sie in beinahe allen Situationen durchführen. Auch wenn Sie vor einem Meeting eine Extraportion Energie oder Selbstbewusstsein benötigen, ist eine Meditation geradezu perfekt. Auch zu Hause sollten Sie sich immer wieder etwas Ruhe gönnen und bei einer Meditation entspannen. Sie können Ängste, Depressionen, Wut, Traurigkeit und vieles mehr mit Meditationen verarbeiten. Träumen Sie sich einfach an einen schönen Ort.

Während der Meditation begibt sich der Geist auf Reisen. Das bedeutet, Sie beeinflussen Ihre Gedanken nicht. Sie versuchen bewusst, nichts zu denken und sich von allen Belastungen zu lösen. Wünsche für die Zukunft werden durch Meditation klarer. Meditation sorgt für eine tiefe Entspannung, schenkt mehr Energie, verbessert die Gesundheit, lässt Sie Stress besser verarbeiten und auf neue Ziele fokussieren und schenkt Ihnen den Zugang zu tiefer Zufriedenheit.

Es gibt zahlreiche Techniken für Meditation und für jeden Typ ist hier das Richtige dabei. Egal ob kurze Atemübungen für den kleinen Energie- oder Beruhigungskick zwischendurch, ob dynamische Meditation mit Bewegung, Kundalini Meditation bei der Sie sich abwechselnd schütteln, tanzen, lachen oder zur Musik entspannen, bei jeder Version werden Sie sofort merken, ob diese Ihnen zusagt. Versuchen Sie es doch mit einer Nataraj Meditation mit Tanz oder der tibetischen Nadabrahma Meditation. Die Gourishankar Meditation ist perfekt am Abend und die Mandala Meditation ist eine besonders aktive und kreative Energie Meditation.

Für die Psyche ist Meditation eine Befreiung und kann als Reinigung der Seele gesehen werden. Ob Sie Probleme aufarbeiten möchten, zu sich selbst finden wollen oder einfach für einige Momente dem Alltag entfliehen - stets ist die Meditation ein tolles Werkzeug dafür.

Was ist Ekstase?

Ekstase wird in der Psychologie als intensiver Ausnahmezustand bezeichnet. Auch eine übermäßige Begeisterung für etwas nennt man landläufig Ekstase. Es kann aber auch als Rausch oder als eine Art Ohnmacht bezeichnet werden. Meist meint man damit jedoch, dass man für kurze Zeit außer Kontrolle ist. Wörtlich übersetzt bedeutet Ekstase außer sich sein.

Ekstase kann durch Meditation erreicht werden. Auch bei rituellen oder spirituellen, aber auch religiösen Zeremonien geraten viele in eine Art Ekstase. Ekstase wird als Freude oder Hochgefühl empfunden und kann sowohl enorm viel Energie schenken, aber auch viel Energie verbrauchen. Gerade nach schamanischen Ritualen können Sie sich nach einiger Zeit der Ekstase richtig ausgepowert fühlen. Dies ist jedoch kein ermüdendes Ausgepowert-sein sondern ist eher mit dem Adrenalin Kick zu vergleichen, den Sie nach dem Absolvieren einer Marathons erlangen.

Im nächsten Kapitel werden wir eine andere Art der Ekstase anschneiden, die durch die Einnahme von Drogen erreicht wird. Die positive Ekstase ist jedoch mit Leidenschaft, Enthusiasmus, Glut, Inbrunst und Euphorie gleichzusetzen. Sie blenden während der Ekstase die Realität aus und alles Rationelle verschwindet. Die Ekstase hilft, Ängste zu überwinden und die Sinne zu erweitern. Sie erkennen, was im Leben wichtig ist und können sich von Altlasten befreien. Ekstatische Reisen um die Vergangenheit zu bewältigen sind ein wichtiges Werkzeug nicht nur in der allgemeinen, medizinischen Psychologie und Psychiatrie.

In der asiatischen und auch vielen nativen Kulturen in der Südsee und Südamerika sind Ekstasen immer noch Bestandteil der durchgeführten Rituale. Heiler wenden Ekstasen an, um Patienten von Krankheiten zu befreien und gerade bei Depressionen und Burnout können Ekstasen verbunden mit Meditation den Weg zurück in ein glückliches und mit Freude erfülltes Leben führen. Ekstase wird auch gerne mit der Verbindung zum absolut Göttlichen bezeichnet. Doch auch hier müssen Sie keine Angst davor haben, dass es etwas Religiöses ist. Die absolute Göttlichkeit können Sie auch tief in sich selbst finden. Den Körper in Einklang mit dem Geist zu bringen und Freude am Leben und am Sein zu erlangen sind die obersten Ziele einer Ekstase.

KAPITEL NEUN

Drogen und Psychologie

DAS THEMA DROGEN UND Psychologie muss von zwei Seiten betrachtet werden. Ein Aspekt ist, wie anhand von Drogen psychische Krankheiten erforscht oder sogar geheilt werden könnten. Der andere Punkt ist inwiefern Drogen Auslöser für psychische Erkrankungen sein können. Drogen gelten als Werkzeug zur Bewusstseinserweiterung und können gleichzeitig körperliche und psychische Störungen hervorrufen.

Drogen sind psychoaktive Stoffe, die das Gehirn und die Psyche beeinflussen. Zudem führt die Einnahme dieser Drogen relativ schnell zu einer Abhängigkeit. Es gibt stimulierende Substanzen wie Amphetamine, Kokain und Ecstasy, dämpfende Substanzen wie Morphin, Codein und Methadon und bewusstseinsverändernden Substanzen, die Halluzinogene wie LSD, halluzinogene Pilze und Meskalin. Wie auch bei Alkohol-Abhängigkeit kann oder sollte eine Therapie nach Missbrauch mit psychologischer Begleitung durchgeführt werden. Sehr beliebt und wirkungsvoll sind Gruppentherapien und sogenannte Selbsthilfegruppen.

Jahrelang beschäftigen sich Psychologen mit dem Thema, warum einige Menschen eher anfällig für Missbrauch von Drogen und Alkohol sind als andere. Hier kann natürlich die Vorbildwirkung eine große Rolle spielen. Wie zuvor in einem Kapitel kann jedoch ein drogenabhängiger Elternteil sowohl Animation als auch abschreckendes Beispiel sein. Ein weiterer Punkt für steigende Drogenabhängigkeit in der heutigen Zeit ist natürlich die Verfügbarkeit. Heute kommen schon 14-jährige Schüler mit Drogen in Kontakt, weil diese am Schulhof verkauft werden.

Warum die Einnahme von Drogen für viele so spannend ist, lässt sich leicht erklären. Die Drogen stimulieren das Gehirn und das sogenannte Belohnungszentrum. Wer einmal dieses Hochgefühl erlebt hat, möchte es immer wieder erleben, auch wenn die Rückkehr in die Realität hart ist, der Drang der Stimulation ist größer - koste es was es wolle, auch wenn die Gesundheit enorm darunter leidet.

Auch seelische Belastungen oder Depressionen werden gerne mit Drogen oder Alkohol bekämpft. Der Hintergedanke dabei ist, wenigstens für kurze Zeit aus der Tristesse zu entfliehen. Während der Wirkung der Drogen geht es den Betroffen auch tatsächlich besser. Lässt die Wirkung jedoch nach, kommen die Probleme doppelt und dreifach zurück. Um diesen erneut zu entfliehen werden abermals Drogen eingenommen. Der Teufelskreis beginnt und endet in einer körperlichen und psychischen Abhängigkeit aus der die wenigsten mit eigener Kraft wieder herausfinden. Drogen können nur durch absolute Abstinenz bekämpft werden. Mental ist der Patient alleine dazu jedoch meist nicht in der Lage. Es muss auf psychologischer Ebene ein Weg und ein Ersatz für das Hochgefühl gefunden werden, welches entsteht, wenn die Drogen eingenommen werden.

Natürlich werden gewisse Drogen auch in der Medizin eingesetzt. Mann muss dabei nicht weit blicken, denn bereits die gerne verschriebenen Schlaftabletten oder Beruhigungstabletten können zu einer Abhängigkeit führen. Auch ist seit einiger Zeit Cannabis auf Rezept erhältlich. Dieses berauschende Kraut hilft Schmerzen zu bekämpfen und wird auch gegen Angststörungen, Depressionen bis hin zu Krebs eingesetzt.

Bevor zum Beispiel LSD in den 19070-er Jahren verboten wurde, war dies eine beliebte Droge, mit welcher Psychiater an Menschen und Tieren experimentiert hatten. Seit geraumer Zeit ist diese Droge jedoch wieder im Gespräch um bei schweren Angststörungen und Depressionen eingesetzt zu werden. Basler Forscher sind auf diesem Gebiet im Moment die Vorreiter.

Hier steht das Halluzinogen LSD als bessere Alternativ zu Antidepressiva im Gespräch. LSD wurde bereits in den 1940-er Jahren als Stimmungsaufheller erforscht, welcher mit einer enormen Langzeitwirkung punktete. Natürlich sollte heute diese Droge nur unter strenger und engmaschiger Kontrolle verabreicht werden. Ein Problem bei der Verabreichung von LSD stellt auch hier die Pharmaindustrie dar. Wie bei Cannabis ist auch bei LSD nur eine sehr geringe, wenn überhaupt, vorhandene Gewinnspanne für die Arzneimittelindustrie vorhanden. Mit diesen Problemen sehen sich Forscher und Psychiater sowie Psychologen heutzutage konfrontiert.

KAPITEL ZEHN

Verhalten und Psychologie

JEDER KENNT EINEN MENSCHEN, von dem er, wenn auch hinter vorgehaltener Hand behauptet: "Der oder die hat doch einen psychischen Schaden." Doch wie sind tatsächlich die Anzeichen für psychische Beeinträchtigungen? Wie erkennt man, ob eine Person im näheren Umfeld an Depressionen, Angststörungen, Borde-line, Schizophrenie oder ähnlichem leidet? Und wenn man erste Anzeichen erkennt, wie kann man helfen oder sollte man dieses Thema überhaupt ansprechen?

Psychische Erkrankungen gelten auch heute noch als Tabu-Thema und niemand gibt gerne zu, dass er unter einer dieser Störungen leidet. Zu groß sind die Vorurteile und auch die Angst, zum Beispiel den Arbeitsplatz oder Freunde zu verlieren. Es gibt eine Menge an psychischer Erkrankungen und jeder dritte Mensch leidet im Laufe seines Lebens an einer oder mehreren dieser Krankheiten.

Man unterschiedet hier zwischen organischen, psychischen Störungen wie Demenz, psychische Störungen durch den Missbrauch von Alkohol oder Drogen, wahnhafte Störungen und Schizophrenie, affektive Störungen wie Depressionen, neurotische Belastungsstörungen nach gravierenden, einschneidenden Erlebnissen, körperliche Störungen, die mit psychischen Störungen verbunden sind wie Bulimie, Persönlichkeits- und Verhaltensstörungen, Intelligenzstörungen und auch Entwicklungsstörungen wie Sprachstörungen.

Demenz ist heute bereits sehr gut bekannt, weit verbreitet und wird auch in der Gesellschaft als Krankheit anerkannt. Bei dieser organischen, psychischen Störung wird der Betroffene nicht wie ein Aussätziger behandelt, das es sich dabei um eine Krankheit handelt, die nach unserer Auffassung unverschuldet, einfach mit dem Alter oder genetisch bedingt eintritt. Im Vergleich dazu denken viele noch, dass die meisten anderen psychischen Krankheiten zum Teil oder gänzlich selbst verschuldet sind. Dies ist natürlich nicht wahr, unsere Gesellschaft denkt und handelt jedoch immer noch so.

Erkrankt in der Familie oder dem Freundeskreis jemand an Demenz, so lässt sich das relativ früh an allerhand Anzeichen erkennen. Nummer eins ist hier natürlich die immer stärker werdende Vergesslichkeit. Personen wirken zunehmend verwirrt und vergessen die Namen und Geburtsdaten der engsten Familienmitglieder, finden nicht mehr ohne Hilfe nach Hause oder können sich an vieles einfach nicht mehr erinnern. Auch Depressionen können ein Anzeichen für eine drohende Demenz sein. Ebenfalls ein Zeichen für Demenz kann eine massive Veränderung der Persönlichkeit sein. Freundliche, hilfsbereite und umgänglich nette Menschen werden plötzlich gereizt bis aggressiv. Auch zeigen viele Betroffene eine Veränderung dahingehend, dass sie vermehrt müde sind, ängstlicher werden oder sehr häufig weinen. Auch Halluzinationen und Wahnvorstellungen treten im Verlauf einer Demenzerkrankung auf. Diese Symptome können sich mit dem Fortschreiten der Krankheit noch verstärken. Sprachliche Störungen und eine immer heftiger werdende Orientierungslosigkeit kommen ebenfalls hinzu. Die Betroffenen bekommen Probleme in der Bewältigung des Alltags. Der Herd wird nicht mehr ausgeschaltet, Lebensmittel nicht im Kühlschrank verstaut und einfache Dinge wie das Einkaufen sind nicht mehr möglich. Des Weiteren verlieren die Betroffenen zunehmend die Lust am leben und werden immer zurückgezogener und inaktiver.

Wenn einige oder mehrere dieser Anzeichen bemerkt werden, dann bedeutet dies nicht automatisch, dass der Betroffene auch wirklich an Demenz erkrankt sein muss. Die Sachlage sollte aber dringend ärztlich abgeklärt werden. Hier ist es wichtig, dass die Familie und Freunde nicht wegsehen, sondern gemeinsam mit den Patienten einen Plan für eine Untersuchung entwickeln. Nur mit ärztlicher und psychologischer Hilfe kann ein weitaus angenehmeres und akzeptableres, vor allem auch sichereres Leben gewährleistet werden.

Auch Alkoholmissbrauch und Drogenabhängigkeit werden von den Betroffenen gerne verheimlicht und auch verleugnet. Alkoholmissbrauch wird in unserer Gesellschaft leider nicht als Krankheit angesehen, sondern gilt als gesellschaftsfähig. Wenn Sie Anzeichen für den Missbrauch von Drogen oder Alkohol in der Familie oder dem Freundeskreis bemerken, sollten Sie sensibel aber doch direkt mit dem Problem umgehen und den Betroffenen unterstützen. Nur mit viel Hilfe kann hier ein Weg aus der Misere gefunden werden. Anzeichen für Drogen oder Alkoholmissbrauch sind extreme Stimmungsschwankungen. Auch wirken diese Personen stets als würden sie ein Geheimnis haben. Viele Alkoholkranke zum Beispiel trinken auch niemals in der Öffentlichkeit Alkohol.

Schizophrenie oder schizophrene Psychosen stellt man sich immer als gespaltene Persönlichkeiten vor. Doch hinter dieser Erkrankung steckt viel mehr. Richtig ist jedoch, dass der Betroffene den Bezug zur Realität komplett verliert und unter Wahnvorstellungen leidet. Die Betroffenen leiden unter Größenwahn oder Verfolgungswahn und wirken sehr verwirrt. Patienten mit schizophrenen Psychosen leiden unter Halluzinationen, das bedeutet, sie sehen und hören Dinge oder Menschen, die andere nicht wahrnehmen können. Eine Schizophrenie kann plötzlich auftreten oder auch durch übermäßigen Drogenkonsum ausgelöst werden. Die genau Ursache ist jedoch auch heute noch nicht erforscht. Auch familiäre Vorbelastungen können einen Risikofaktor für eine schizophrene Störung darstellen. Patienten, die unter Schizophrenie leiden, werden medikamentös, psychotherapeutisch und soziotherapeutisch behandelt. Am besten hilft hier eine Therapie im Rahmen eines Aufenthalts in der Psychiatrie.

Affektive Störungen wie Depressionen sind Erkrankungen, die sich in der Stimmung bemerkbar machen. Betroffene werden plötzlich extrem inaktiv, müde und schlapp und sind häufig grundlos traurig. Wenn Sie bei einem Familienmitglied oder Freund diese Symptome verbunden mit Essstörungen, Appetitlosigkeit und Schlafstörungen bemerken, sollten Sie das Thema unbedingt ansprechen. Auch bei Depressionen kann nicht immer geklärt werden, warum sie auftreten. Ausgelöst werden können diese jedoch ebenfalls durch Drogen und Alkoholmissbrauch, Konflikte oder erbliche Vorbelastung. Auch Stress, einschneidende Erlebnisse und wichtig: zu wenig natürliches Tageslicht können Depressionen auslösen. Depressionen werden sowohl medikamentös, als auch mittels einer Therapie behandelt. Wichtig ist, dass sich Patienten helfen lassen, den Depressionen können auch im Selbstmord enden. Ein bewährtes und bekanntes Mittel gegen Depressionen sind Antidepressiva, die jedoch wiederum in eine Abhängigkeit führen können. Daher sollen diese nur unter ärztlicher Begleitung eingenommen werden. Eine Depression ist keine Krankheit, die man alleine und durch Selbstmedikation kurieren sollte.

Bei neurotischen Belastungsstörungen werden meist durch mangelnde Verarbeitung von Konflikten ausgelöst. Hier sind die Wurzeln häufig in der Kindheit, der Familie oder der Umwelt zu finden. Für eine Erkrankung kann der Auslöser meist sehr gut identifiziert werden. Häufig sind der Tod einer geliebten Person oder eine Trennung der Auslöser. Auch Katastrophen, Einsatz in Kriegsgebieten, Folter und andere schlimme Erlebnisse wie Missbrauch in der Kindheit können, wenn auch Jahrzehnte später diese Krankheiten ausbrechen lassen.

Psychische Störungen in Verbindung mit körperlichen Störungen sind zum Beispiel alle Arten von Ess-Störungen. Ob Magersucht, Bulimie oder Binge Eating, hier drehen sich die Gedanken der Erkrankten ständig ums Essen und um die Ernährung. Zudem haben die Betroffenen häufig ein falsches Bild vom eigenen Körper. Selbst mit Untergewicht findet man sich noch zu dick und auf keinen Fall schön. Das Körpergefühl ist vollständig verloren gegangen. Häufig steckt ein mangelnder Selbstwert dahinter oder die Patienten möchten sich für etwas bestrafen.

Ob Fressattacken oder lähmende Hungerkuren, Erbrechen und das Einnehmen von Abführmittel, exzessiver Sport bis zum Umfallen und ähnliches prägen hier den Tagesablauf. Häufig leiden Mädchen in der Pubertät unter diesen Störungen. Magersucht führt nicht nur zu extremem Untergewicht, sondern auch zur Mangelernährung bis hin zum Tod. Die sogenannte Anorexia nervosa muss unbedingt therapiert werden, da die meist jungen Frauen von selbst nicht mehr aus diese Teufelskreis herausfinden. Der Stoffwechsel, Haut, Haare, Knochen, Muskeln und Zähne werden angegriffen und fallen aus. Das Gehirn kann massiv geschädigt werden und auch der Mineral- und Salzhaushalt wird durcheinander geworfen. Auch das Immunsystem leidet unter der Magersucht und sogar die Periode bleibt aus. Leiden Männer an Magersucht, kann es zu Potenzproblemen kommen.

Magersucht kommt innerhalb der Familie häufiger vor. Ob es genetische Vererbung oder eine Art Vorbildfunktion daran Schuld ist, konnte noch nicht klar erforscht werden. Auch biologische Abläufe im Gehirn können dafür verantwortlich gemacht werden, ebenso wie psychische Faktoren. Der Betroffene erlegt sich immens hohe Anforderungen an sich selbst auf und ist sich selbst nie genug. Ein weiterer Grund ist unsere heutige Gesellschaft. In der Werbung und in Magazinen sehen wir stets ein überzeichnetes Idealbild von Frauen, deren Gewicht weit unter dem Normal- oder Idealgewicht liegt. Zu einer Essstörung kommen häufig Depressionen, Angststörungen und soziale Ausgrenzungen hinzu.

Persönlichkeitsstörungen sind sehr komplex und vielseitig. Menschen mit diesen Krankheiten wirken sonderbar und exzentrisch, dramatisch, launisch und emotional oder auch ängstlich und furchtsam. Sämtliche Merkmale, die eine Persönlichkeit ausmachen sind bei dieser Krankheit extrem überzogen und ausgeprägt. Betroffene sind entweder sehr anhänglich allen Menschen gegenüber und klammern sich auch an Fremden fest oder es schlägt ins genaue Gegenteil um. Das Auftreten und die Persönlichkeit dieser Menschen wird häufig als unpassend aufgefasst und die Patienten selbst können auch nicht zwischen normalem und extremem Verhalten unterscheiden.

Bei einer paranoiden Persönlichkeitsstörung sind die Patienten sehr streitsüchtig und misstrauisch. Sie fühlen sich von allen Mitmenschen schlecht behandelt und bedroht.

Bei einer schizoiden Persönlichkeitsstörung ist der Betroffene unfähig Gefühle auszudrücken. Weder die eigenen Gefühle, noch die Emotion der Mitmenschen können eingeschätzt und damit umgegangen werden. Auch können Gefühle nur sehr schlecht gezeigt werden.
Die schizotypische Persönlichkeitsstörung zeichnet sich durch ein sehr extravagantes Verhalten aus. Patienten sind sehr selbstbezogen und entwickeln häufig auch eine ganz eigene Art zu sprechen, sich zu bewegen und zu denken. Das soziale Verhalten ist dadurch ebenfalls äußerst eingeschränkt.

Bei einer antisoziale Persönlichkeitsstörung sind die Patienten sehr unsozial und können sich nicht unterordnen. Gesetze und Rechte der anderen nehmen sie nicht wahr und missachten diese auch. Früher wurde diese Erkrankung auch Soziopathie genannt.

Beim Borderline Syndrom sind die Betroffenen sehr launisch und auch sehr impulsiv. Diese Menschen neigen dazu, sich selbst zu verletzen und durch spontane und undurchdachte Aktionen in Gefahr zu bringen. Für diese Menschen ist es schwer, eine stabile Beziehung zu anderen zu halten, da sie mit sich selbst ebenfalls nicht im Reinen sind.

Die histrionische Persönlichkeitsstörung wurde früher als hysterische Störung bezeichnet. Hier haben die Betroffenen stets das Verlangen im Mittelpunkt zu stehen. Das gesamte Gehabe ist sehr emotionell und übertrieben und der Mensch mit dieser Persönlichkeitsstörung wirkt im Ganzen unecht und gekünstelt.

Narzisstische Persönlichkeitsstörungen erleiden Menschen, die sich meist selbst sehr minderwertig fühlen, in der Öffentlichkeit jedoch auf dicke Hose machen. Die Betroffenen fühlen sich besser als alle anderen und lassen dies die Mitmenschen auch jederzeit deutlich spüren.

Bei einer ängstlichen, vermeidenden Persönlichkeitsstörung sind die Betroffenen immer angespannt und haben Angst etwas falsch zu machen. Kritik kann nur ganz schlecht angenommen und verarbeitet werden.

Eine abhängige Persönlichkeitsstörung zeichnet sich durch extreme Abhängigkeit von anderen aus. Die Betroffenen fühlen sich klein und minderwertig und übernehmen keinerlei Verantwortung für sich und das eigene Leben.

Eine zwanghafte Persönlichkeitsstörung macht sich durch ausgeprägten Perfektionismus bemerkbar. Die Betroffenen sind sehr stur und würden sich selbst am besten immer wieder selbst übertreffen. Persönlichkeitsstörungen werden nur bedingt mit Medikamenten behandelt. Vielmehr geht es in den Therapien darum, das Verhalten zu verbessern und die Patienten wieder auf einen normalen Weg zu begleiten. Für eine Heilung oder Verbesserung ist ein sicheres und stabiles soziales Umfeld zwingend notwendig.

Eine Intelligenzstörung macht sich durch eine verzögerte oder zurückgebliebene Entwicklung bemerkbar. Diese Beeinträchtigung tritt in vielen Stufen von leicht bis schwer auf. Die Entwicklung kann mit viel Mühe, Training und Therapie jedoch verbessert werden, denn sowohl Intelligenz, als auch zwischenmenschliche Fähigkeiten lassen sich lernen.

Entwicklungsstörungen besagen, dass die Betroffenen eine verzögerte Entwicklung durchlebt haben. Dies kann sich sowohl körperlich, als auch geistig zeigen. Auch diese Beeinträchtigung ist in viele Stufen von leicht bis sehr schwer unterteilt. Bei Patienten kann entweder ein Bereich, oder mehrere Bereiche betroffen sein. Kinder können sprachlich weniger entwickelt sein oder unter motorischen Störungen leiden. Je früher diese Entwicklungsstörungen erkannt werden, um so eher kann mit einer gezielten Therapie dagegen gewirkt werden.

Vorhersehbare Signale erkennen

Psychologen sind weder Hellseher noch Magier, doch gibt es im Verhalten der Menschen eindeutige Zeichen und Signale, auf welche man schließen kann. Dadurch wird jede Aktion und Jedes Handeln vorhersehbar. Es ist jedoch nicht nur für psychotherapeutische Behandlungen wichtig, die Signale zu erkennen. Auch psychologische Schulungen für sämtliche Bereiche des täglichen Lebens sind absolut wertvoll.

Ein Beispiel dafür ist zum Beispiel ein Training für das gehobene Management. Durch Signale lassen sich Personalentscheidungen einfacher treffen. Durch eine psychologische Schulung kann anhand der Mimik und Gestik und auch anhand der Körpersprache viel herausgelesen werden. Charakter, Eigenschaften und Absichten sind so bereits nach einem intensiven Gespräch zu erfassen, wenn sich die Personalabteilung auf die eigene Wahrnehmung verlässt.

Im zwischenmenschlichen Bereich ist zum Beispiel das Flirten eine Möglichkeit, mit Signalen zu spielen und zu üben. Senden und empfangen Sie eindeutige Signale und erkennen Sie bereits im Vorfeld, ob eine Person ehrlich interessiert ist. Achten Sie dabei auf kleine Gesten, auf das Schütteln der Haar und verspielten Handbewegungen. Blickkontakt und offene Haltung sind ebenso ein Zeichen, dass aus einem Flirt mehr werden kann.

Konditionierung bei Krankheiten

Eigentlich kennt man Konditionierung hauptsächlich vom Bereich Lernen her. Auch in der Erziehung spielt Konditionierung eine wichtige Rolle, egal ob bei Mensch oder Tier. Unter Konditionierung versteht man eine spezielle Form der Lernpsychologie, die sich auf sämtliche Bereiche in unserem täglichen Leben ausdehnen lässt. Der Grundgedanke ist, dass ein bestimmter Reiz eine bestimmte Reaktion erzeugen soll.

Bei Krankheiten wird der Körper selbst konditioniert. Durch gesunde Ernährung wird ein gesunder Körper hervorgebracht, durch mentale Stärke ein starker Geist. In der Psychologie sollen Reaktionen auf gewisse Aktionen erzeugt werden. Damit können zum Beispiel Patienten mit Depressionen aus ihrem schwarzen Loch geholt werden, Aggressionen gestoppt und zwanghaftes Verhalten eingedämmt werden. Ähnlich wie durch positive Verstärkung Hunde ihre Tricks lernen, reagieren Körper und Geist nach der Konditionierung nach dem eingeplanten Muster.

Effekte und Konsequenzen

Als Effekt wird die Wirkung oder die Auswirkung bezeichnet. In der Psychologie wird damit der Erfolg einer Therapie bezeichnet. Auch der Begriff Konsequenz bezeichnet eine Auswirkung. Der Patient muss nach einer Aktion mit der Konsequenz rechnen. Das Einhalten gewisser Regeln zieht eine Belohnung nach sich - oder das Brechen dieser Regeln eine gewisse Form der Bestrafung.

Ein positiver Effekt der Einnahme von Medikamenten ist die Verbesserung der Symptome. Die Konsequenz aus übermäßigen Einnahmen dieser Medikament ist, dass es zu einer Abhängigkeit führen kann.

Was ist der Instinkt?

Der Instinkt ist uns aus der Tierwelt bekannt. Es handelt sich dabei um einen angeborenen Mechanismus, welcher das Verhalten steuert. Man kann dies auch als intuitive Intelligenz bezeichnen. Doch nicht nur Tiere, sondern auch Menschen weisen einen natürlichen Instinkt auf. In der heutigen Zeit ist dieser häufig verkümmert, lässt sich jedoch problemlos trainieren. Sie müssen nur in sich hinein hören und dann auch auf den Körper hören und dementsprechend reagieren. Der Instinkt wird in gute Instinkte und niedrige Instinkte unterteilt.

Eine angelernte Verhaltensweise kann jedoch nicht als Instinkt bezeichnet werden. Es handelt sich um Instinkt, Nahrung zu essen, die Hand zur Abwehr zu heben und im Dunkeln langsam zu gehen. Während Vögel und Hühner sich instinktiv aus dem Ei picken, Igel sich unter dem Laub verkriechen und Katzen bei gefährlichen Gerüchen auf den Baum klettern, haben wir Menschen die natürlichen Instinkte der Jäger und Sammler verloren. Heute ist es mehr ein Bauchgefühl, welches und handeln lässt. Heute kennen wir die Gefahrenquellen aus Erfahrung. Es ist somit eine erlernte und keine angeborene Fähigkeit, wenn wir an der Straße links und rechts blicken, auf die Geräusche der sich nähernden Fahrzeuge hören und den Hut bei starkem Wind den Hut festhalten.

Der heutige Instinkt der Menschen setzt sich aus natürlichem Instinkt, Bauchgefühl und Erfahrungswerten zusammen. Niedrige Instinkte bezeichnen unsere Triebe. Sexualtriebe und zählen zu den niedrigen Instinkten, aber auch schlechte Eigenschaften oder Untugenden wie Neid, Missgunst und Habgier. Ob im positiven oder negativen Sinn, bei einem Instinkt handelt es sich immer um einen inneren Antrieb und eine Motivation, die früher angeboren waren und heute eher erlernt sind.

KAPITEL ELF

Die Sache mit dem Gedächtnis

UNSER NERVENSYSTEM HAT DIE Fähigkeit, Informationen weiterzuleiten und zu verarbeiten. Zu Beginn haben wir uns intensiver mit den einzelnen Vorgängen beschäftigt. In diesem Kapitel wollen wir mehr auf den psychologischen Aspekt im Alltag eingehen. Das Gedächtnis kann Fluch und Segen zugleich sein. Während der Schulzeit wird das Gedächtnis pausenlos trainiert und junge Menschen haben die Fähigkeit schnell und scheinbar mühelos zu lernen. Mit zunehmendem Alter wird es bedeutend schwieriger. Ein 50 Jähriger lernt bei weitem langsamer eine neue Fremdsprache als ein Jugendlicher, der mitten in der Schulausbildung steckt. Das Gedächtnis ist reine Trainingssache.

Wir merken uns häufig unnützes Zeug und Liedertexte der stupidesten Lieder bleiben uns für immer im Kopf hängen. Wenn wir uns jedoch im Supermarkt an den zu Hause vergessenen Einkaufszettel erinnern sollen, dann wird es schon wieder schwierig. Tausende von Informationen werden täglich gespeichert und unser Gedächtnis leistet enorme Arbeit. Es ist wie eine Maschine, die Tag und Nacht unter Strom steht. Es ist mit einem Computer zu vergleichen, der ständig upgedatet wird. Doch das Gedächtnis kann uns auch gehörige Streiche spielen. Nicht nur, dass wir Dinge einfach vergessen, manches Mal denken wir, wir hätten einen roten Ball gesehen, in Wirklichkeit aber war es eine blaue Billardkugel.

Es ist das Kurzzeitgedächtnis ebenso faszinierend wie das Langzeitgedächtnis. Das Kurzzeitgedächtnis speichert innerhalb von wenigen Sekunden oder Minuten die Information ab. Diese Infos werden jedoch nicht auf Dauer gespeichert, sondern verblassen nach kurzer Zeit wieder. Im Langzeitgedächtnis wird alles für Jahre oder auch für immer gespeichert. Doch hier landen meist nur die aller wichtigsten Informationen. Bilder und Sätze, Gerüche und Musik, alles wird in dieser grandiosen Datei abgelegt und kann jederzeit wieder abgerufen werden. Die Qualität der Information, welche gespeichert wird, wird vom limbischen System aufs Genaueste überprüft.

Es scheint, als würde das Langzeitgedächtnis nur Daten speichern, die auch wirklich interessant sind. Daher haben viele während der Schulzeit Lernprobleme, einfach weil gewisse Fächer nicht spannend genug sind. Das Langzeitgedächtnis setzt sich aus vielen Punkten in der Großhirnrinde zusammen. An diese neuralgischen Punkte werden die vielen unterschiedlichen Infos versendet. Millionen von Nervenzellen arbeiten hier auf Hochtouren. Doch lassen sich das Gehirn und das Gedächtnis auch herrlich trainieren. Durch jedes Buch, jede Diskussion und jede geschriebene Mail werden die Gehirnzellen und Nervenbahnnen stimuliert. Gerade wenn das Gehirn und das Gedächtnis mit dem Alter etwas nachlassen, sollten Sie immer sogenanntes Gehirnjogging betreiben. Lesen, Kreuzworträtsel lösen, Briefe schreiben, oder auch chatten, sich mit Freunden unterhalten und alles, das aktiv hält, wirkt sich auch positiv auf unser Gedächtnis aus. Die Psyche hängt eng mit unserem Gedächtnis zusammen. Wer selbst bemerkt, dass das eigene Gehirn immer träger wird, der zieht sich auch automatisch zurück. Durch soziale Abgeschiedenheit lassen auch Depressionen, wenn auch nur leichte, nicht lange auf sich warten.

Gedächtnistraining im Alltag

Im letzten Kapitel haben wir darüber gesprochen, dass es wichtig ist, das Gehirn fit zu halten. Es muss auch kein Riesenaufwand betrieben werden, Gedächtnistraining lässt sich wunderbar täglich in den Alltag integrieren. Um das Langzeitgedächtnis wieder aufnahmebereiter zu machen, müssen Sie nur übermäßiges Fernsehen und stundenlanges Computer spielen etwas zurückschrauben. Bei diesen Tätigkeiten hat das Gehirn so gut wie keine Aufgaben zu übernehmen und nur das Kurzzeitgedächtnis wird mit Belanglosem bespaßt. Sie werden bereits nach kurzer Zeit der Abstinenz von TV und Playstation bemerken, wie Sie geistig wieder fitter werden.

Kopfrechnen ist auch eine gute Sache, um das Gedächtnis zu trainieren. Das können Sie beim täglichen Einkauf praktizieren. Egal ob Sie rasch die fünf Teilchen beim Bäcker oder die zehn Artikel im Discounter im Kopf zusammenrechnen und versuchen, sich den Betrag bis nach der Kasse zu merken, hier fordern Sie Ihr Gedächtnis heraus und er wird sich mit noch mehr Vitalität bedanken.

Wenn Sie jemanden anrufen möchten, verwenden Sie nicht das gespeicherte Telefonbuch auf Ihrem Mobiltelefon. Suchen Sie nach der

Nummer, lernen Sie die Nummer auswendig und tippen Sie die Zahlenfolge aus dem Gedächtnis ein. Auch so bekommen Sie müde Gehirne wieder wach.

Lernen Sie eine neue Fremdsprache oder frischen Sie zum Beispiel Ihre Englisch- Französisch- oder Russischkenntnisse auf. Im Internet finden Sie tolle, kostenlose Lernprogramme. Vielleicht haben Sie sogar noch ein altes Schulbuch zu Hause. Am besten eignen sich zum Gedächtnistraining Vokabeln. Eventuell können Sie ja auch Kinder, Enkel oder die Kinder des Nachbarn abfragen.

Auch Musik, vor allem das Spielen eines Instruments, wirkt sich sehr gut auf das Gedächtnis aus. Suchen Sie nach einem Gitarrenkurs in Ihrer Nähe. Diese werden für alle Altersgruppen angeboten und machen wirklich Spaß. Dabei fangen Sie sogar mehrere Fliegen mit einer Klappe. Sie kommen unter Menschen und schlittern so nicht in die soziale Abgegrenztheit. Sie machen Musik, was gut für Körper, Geist und Seele ist und Sie trainieren sowohl Ihr Gedächtnis, als auch Ihre motorischen Fähigkeiten.

Auch Ballspiele stimulieren das Gehirn. Ob Federball oder Tischtennis, machen Sie, was Ihnen Spaß macht. Ein weiterer Tipp der nicht viel Anstrengung kostet ist, wieder mehr Gefühle ins Leben zu lassen. Egal ob lachen oder weinen, Ärger oder Freude mit jeder Emotion verbinden Sie später einen besonderen Moment. Dieser wird in Ihrem Langzeitgedächtnis gespeichert und trainiert somit ebenfalls das Gehirn und die Nervenzellen.

Brettspiele, Kartenspiele, Sudoku, Puzzle oder Domino, auch hier können Sie sich nach Lust und Laune austoben. Es gibt unzählige tolle Spiele, die nicht nur für Unterhaltung sorgen, sondern auch das Gehirn auf Trab halten.

Amnesie und Alzheimer

Amnesie ist ein Ausfall des Erinnerungsvermögen, welcher sich auf eine bestimmte Zeit begrenzen kann, aber nicht muss. So kann jemand nach einem schweren Unfall oder einem dramatischen Erlebnis unter teilweiser Amnesie leiden. Bei der retrograden Amnesie können sich die Betroffenen an nichts aus der Vergangenheit erinnern. Bei der anterograden Amnesie hingegen können neue Erlebnisse nicht mehr abgespeichert werden. Diese Gedächtnisstörung kann durch viele Ursachen ausgelöst werden, und auch unterschiedlich lange anhalten. Gehirnerschütterungen, Schädelverletzungen, epileptische Anfälle, Hirnhautentzündung, Alkohol- Tabletten- oder Drogenmissbrauch, Schlaganfälle, Migräne oder auch Vergiftungen können die unterschiedlichsten Arten der Amnesie auslösen. Diagnostiziert wird diese vom Arzt und mittels Gespräch und MRT oder CT sowie EEG festgestellt. Neben der medizinischen Behandlung ist hier eine psychologische Entspannungstherapie unbedingt notwendig. Auch können Yoga und Meditationen wahre Wunder wirken und die Erinnerungen wieder zurück bringen. Musik, Gedächtnistraining, gesunde Ernährung und Gespräche mit Freunden und der Familie tragen ebenfalls viel zur Heilung bei.

Alzheimer wird als neurodegenerative Erkrankung bezeichnet. Diese Krankheit wurde nach dem deutschen Psychiater und Neuropathologen Alois Alzheimer benannt, der Demenz zum ersten Mal beschrieb, behandelte und erforschte.

Diese Krankheit tritt am häufigsten ab einem Alter von 60 Jahren auf. Nur selten sind Patienten jünger. Ausschlaggebend für die Erkrankung an Alzheimer ist ein langsamer aber sicherer Untergang der Nervenzellkontakten und Nervenzellen. Auch kann im Gehirn von einem Alzheimer Patienten stets ein großes Maß an Eiweiß Ablagerung, dem sogenannten Amyloid-Plaques festgestellt werden.

Patienten verlieren nach und nach das Gedächtnis und werden orientierungslos. Sprachstörungen treten auf und auch die Persönlichkeit verändert sich mit dem Fortschreiten der Krankheit. Im Gegensatz zu Amnesie schreitet Alzheimer stetig fort und ist nicht heilbar.

Was sind kognitive Prozesse?

Kognitive Prozesse im Gehirn sind jene, die eine höhere Verarbeitung benötigen. Lernen, erkennen, rechnen, sich erinnern und Dinge merken, planen und sämtliche Entscheidungen, die eine höhere Gehirnaktivität benötigen, zählen zu den kognitiven Prozessen. In der Gehirnforschung und der Psychologie werden diese kognitiven Prozesse untersucht, indem jene Gehirnströme gemessen werden, die bei den einzelnen Tätigkeiten besonders stark aktiviert werden.

Psychologie und Sprache

Bei der Sprache handelt es sich um keinen kognitiven, sondern um einen organischen Prozess. Die Sprache, das Hören und mehr haben wir in einem vorherigen Kapitel bereits von dieser Seite besprochen und erklärt. Nun aber sollten wir zu jenem Aspekt kommen, an dem Sprache in der Psychologie besonders wichtig ist. Jede Therapie lebt von der Sprache und natürlich auch der Körpersprache.

Eine sehr effektive Art der Behandlung ist die Gesprächstherapie. Der Therapeut kann aus dem gesprochenen Wort und auch den Zwischentönen sehr viel heraushören und den Patienten dazu bringen, sich zu öffnen. Im Gespräch werden Probleme aufgearbeitet und es kommt zu ungeahnten Erkenntnissen.

Doch was ist, wenn der Patient gar nicht spricht? Hier kommt die Körpersprache zum Einsatz. Das Nichtsprechen kann die unterschiedlichsten Ursachen haben. Nach traumatischen Erlebnissen haben viele einfach die Fähigkeit des Sprechens verloren. Andere aber sind zum Beispiel bockig und sprechen aus Unlust nicht mit dem Therapeuten. Doch auch hier kann anhand der gezeigten Haltung viel erkannt werden und der Therapeut kann dementsprechend reagieren.

Die Sprache ist auch wichtig, dass es nicht erst zu psychischen Problemen kommt. Gerade bei Beziehungsproblemen ist es häufig so, dass die Paare einfach verlernt haben, miteinander zu sprechen. Auch ist die Sprache unser Werkzeug, um den Mitmenschen mitzuteilen, was wir mögen und was nicht. Wenn Sie zum Beispiel ständig am Arbeitsplatz gemobbt werden, dann müssen Sie den Mund öffnen und Ihre Mitmenschen darüber aufklären, wie sehr Sie dies verletzt. Wir haben die Fähigkeit Nein oder Stopp zu sagen, wenn uns etwas nicht passt, nicht gefällt, oder nicht gut tut. Die Sprache ist jenes Instrument, welches uns mit der Umwelt verbindet und Kontakte knüpfen und erhalten lässt.

Warum lügt der Mensch?

Jeder Mensch, egal ob alt oder jung, männlich oder weiblich, lügt - und das jeden Tag, mehrmals. Kleine Lügen sind jene, die wir verwenden, um Menschen in unserem sozialen Umfeld nicht zu verletzen. Das Essen schmeckt gut, das Kleid steht dir hervorragend oder deine Stimme ist schön - dies sind einige Beispiele dafür. Wie oft verteilen wir auf Facebook, Instagram und Co Likes, obwohl wir die Bilder absolut hässlich finden. Auch das sind Lügen, die jedoch keinem weh tun, ganz im Gegenteil. Und der besten Freundin würden wir ohnehin sagen, dass ihr die Farbe des Kleides nicht steht, obwohl es vielleicht der Popo ist, der darin nicht ganz so vorteilhaft wirkt.

Diese Lügen helfen uns, damit das soziale Gefüge reibungsloser funktioniert. Selbst Psychologen finden, diese Lügen sind absolut normal und wichtig. Doch da gibt es auch jene Menschen, die immer lügen. Nicht, damit andere sich besser fühlen, sondern um sich selbst interessanter, besser oder wichtiger zu präsentieren. Diese Menschen errichten sich selbst eine Welt aus Lügen und glauben selbst an das, was sie erzählen.

Notorische Lügner leiden häufig an einem wenig ausgeprägten Selbstbewusstsein und müssen dieses durch Lügen kompensieren. Viele dieser Lügner lügen so perfekt, dass kaum ein Schwindel auffällt. Wird es jedoch entdeckt, so kann es passieren, dass man von den Mitmenschen in Zukunft gemieden wird, und niemand mehr etwas glaubt, auch wenn es sich ausnahmsweise um die Wahrheit handelt.

KAPITEL ZWÖLF

Kann man mit Hilfe der Psychologie in die Zukunft blicken?

AUCH FÜR ODER ZU diesem Thema gäbe es wieder unzählig viele Beispiele. Und nein, der Psychologe ist kein Hellseher, jedoch kann er mit Hilfe der Psychologie Muster erkennen, die sich mit großer Wahrscheinlichkeit immer wiederholen.

Ein gutes Beispiel ist die Frau in mittlerem Alter, die von einer gewalttätigen Beziehung in die nächste schlittert. Sie hätte unzählige Möglichkeiten gehabt, einen netten und lieben Mann kennenzulernen, findet diese jedoch auf Dauer zu langweilig oder sie verlässt den Mann, aus Angst dass er sie verlassen könnte, sobald er dahinter kommt, dass sie seiner nicht wert ist. So flieht die Frau immer wieder in ähnliche Beziehungen und zieht magisch Männer desselben Typs an. Um diese Muster zu unterbrechen hilft nur eine Therapie. Dafür eignen sich Gesprächstherapien, Familienaufstellungen oder auch tiergestützte Therapien ungemein gut.

Wenn Menschen immer nach den selben Mustern handeln, sind diese natürlich auch für jeden Psychologen leicht zu durchschauen. Mit einer nahezu perfekten Präzision können die nächsten Schritte vorhergesagt werden. Nur wer an sich selbst arbeitet und diese alten Muster auflöst, kann sich von dem Wiederkehrenden lösen.

KAPITEL DREIZEHN

Diagnostik

DIAGNOSEN SIND FESTSTELLUNGEN EINER Krankheit. Die Lehre und Kunst diese zu stellen nennt man Diagnostik. Ein Teilgebiet der Psychologie ist die psychologische Diagnostik. Eine präzise Diagnostik ist wichtig, damit den Patienten anschließend eine passende Therapie zuteil werden kann. Eine Diagnose kann nicht innerhalb weniger Minuten gestellt werden und egal ob Sie sich bei Ihrem Psychologen oder Hausarzt befinden, wenn Diagnosen innerhalb kürzester Zeit gestellt werden, sollten Sie zwingend eine zweite Meinung von einem anderen Arzt einholen.

Eine Diagnose setzt sich aus einem Gespräch und einer körperlichen Untersuchung zusammen. Hier kommen auch Apparate und Messgeräte nach bedarf zum Einsatz. Scans und Labortests sorgen hier dafür, dass ein konkretes Bild aufgezeigt werden kann. Symptome weisen meist auf die Erkrankungen hin, ein guter Arzt aber gibt sich nicht mit den einzelnen Symptomen zufrieden. Laut Gesetz müssen Diagnosen nach ICD-10 verschlüsselt werden. Dies dient dem Schutz der einzelnen Patienten, vor allem wenn die Diagnosen in Briefen oder Mails an Dritte weitergegeben werden müssen. Diagnosen dürfen nicht einfach verraten werden. Hier greifen die ärztliche Schweigepflicht und auch der Datenschutz.

KAPITEL VIERZEHN

Intelligenz und emotionale Intelligenz IQ und EQ

NICHT ALLE MENSCHEN SIND gleich intelligent. Intelligenz kann zu einem großen Teil vererbt werden, man kann sich diese jedoch auch durch Fleiß und jahrelanges Lernen aneignen. Der Begriff Intelligenz beschreibt die kognitive Leistungsfähigkeit des Menschen und jeder hat irgendwo bereits einmal einen sogenannten IQ-Test absolviert.

Neben der Intelligenz prägt unsere Gesellschaft auch der Begriff emotionale Intelligenz. Diese Intelligenz hat nichts mit dem Wissen und dem IQ zu tun sondern sagt aus, wie empathisch jemand ist. Menschen mit einer hohen emotionalen Intelligenz sind sehr gut fähig Gefühle zu erkennen und zu leben. Während Intelligenz uns hilft im Beruf oder in der Schule weiter zu kommen, so ist die emotionale Intelligenz maßgeblich für unser Sozialleben verantwortlich.

Emotionale Intelligenz wir mit EQ abgekürzt und beschreibt unsere Menschlichkeit, die Fähigkeit zu kommunizieren und unser Mitgefühl. Nicht nur, wie wir mit anderen Menschen, sondern auch wie wir mit uns selbst umgehen, wird von der emotionalen Intelligenz gesteuert. Für emotionale Intelligenz sind viele Faktoren verantwortlich. Sie sollten ein gesundes Selbstbewusstsein haben und sich selbst gut steuern können. Motivierte Menschen weisen EQ auf und begeistern sich selbst und andere. Empathie und Einfühlungsvermögen sind Gefühle, die man nur aufbringen kann, wenn man sich auch für andere Menschen interessiert. Auch ist es wichtig, dass Sie mit Menschen kommunizieren können. Nur wer sich gut ausdrücken kann, die eigenen Wünsche und Gefühle vermittelt und auch mit anderen über Gefühle spricht, kann eine emotionale Intelligenz entwickeln.

Emotionale Intelligenz ist natürlich in der Familie, in Beziehungen und in Freundschaften enorm wichtig. Doch auch auf beruflicher Ebene bringt Sie emotionale Intelligenz weiter. Kaum jemand ohne einen hohen EQ schafft es die Karriereleiter hinauf und wird zu einer guten Führungsperson. Führungsqualität bedeutet nicht nur, das eigene Wissen zu vermitteln und die Anliegen der Firma durchzusetzen, sondern auch die Mitarbeiter zu motivieren, zu begeistern und für sie da zu sein. Durch emotionale Intelligenz sind Sie fähig Konflikte zu vermeiden und Sie können aktiv mit Ihren Mitarbeitern arbeiten. Menschen mit einem hohen EQ scheinen stets alle Türen offen zu stehen. Fragen Sie sich selbst, wie gut Ihr EQ ausgeprägt ist. Kommen Menschen gerne zu Ihnen, um Sie nach Rat zu fragen? Sind andere gerne mit Ihnen zusammen und sind Sie kommunikativ? Wie sieht es mit Ihren Führungsqualitäten aus, können Sie andere leiten und den Weg zeigen und dabei nicht nur brüllen und delegieren? Hören Ihnen Menschen zu? Sind Sie fähig, Ihre negativen Eigenschaften wie Wut, Aggressionen und Ärger zu kontrollieren? Haben Sie Ihre Emotionen im Griff oder werden Sie von Gefühlen geleitet? Kennen Sie sich selbst gut und wissen Sie genau, wie Sie in bestimmten Situationen reagieren?

Hier ist es wieder Zeit, dass Sie Ihr Büchlein zur Hand nehmen, die Fragen aufschreiben und ehrlich beantworten. Danach werten Sie die Antworten aus. In welchen Situationen sind Sie empathisch, und wo gäbe es noch Platz für Verbesserung? Nehmen Sie diese Baustellen in Angriff und machen Sie vielleicht 4 bis 8 Wochen später den selben Test noch einmal. Hat sich etwas verändert?

Kreativität

Kreative Menschen gelten in der Regel auch als sehr intelligent und deren Gehirnfunktionen haben Gehirnforscher aus aller Welt schon immer massiv interessiert. Wir sind tagtäglich und rund um die Uhr von Dingen umgeben, die von kreativen Köpfen geschaffen wurden. Der Architekt des Hauses, der Erfinder der Computer oder der neuesten Fernsehtechnik, der Designer unserer Textilien - dahinter steckt jede Menge an kreativer Arbeit. Doch hinter allem, hinter der Musik aus dem Radio, der TV-Show und jedem Gespräch steckt ein gewisser Teil an Kreativität.

Gehirnforscher aus aller Welt haben in zahlreichen Studien herausgefunden, inwieweit Kreativität auch unsere Psyche beeinflusst. Gerade im Bereich Therapie wird diese immer wieder auf unterschiedliche Art eingesetzt. Wer etwas Neues erschafft, der wird von einem Glücksgefühl erfasst, dass alte Probleme häufig kleiner wirken oder sogar verschwinden. Dabei ist es nicht wichtig, ob die gemalten Bilder jemals irgendwo ausgestellt, an die Wand gehängt, oder einfach nur in einer Mappe gesammelt werden. Sie müssen keine Gedichte schreiben, die veröffentlicht werden, doch während des Schreibens verarbeiten Sie viele Gefühle, die Sie tief im Inneren belasten.

In der Psychologie wird Kreativität in einen aggressiven und einen konstruktiven Part eingeteilt. Wer zu konservativ ist, hat meist mehr Schwierigkeiten, die Kreativität zu entfalten und im Gegenzug haben übermäßig kreative Menschen häufig ein Problem, sich in der Gesellschaft anzupassen und sich Konventionen zu unterwerfen.

Die psychologische Entwicklung vom Baby zum Erwachsenen

Nie wieder in unserem Leben entwickeln wir und so rasant wie im ersten Lebensjahr. Innerhalb kürzester Zeit lernt ein Säugling zu greifen, zu reagieren und zu kommunizieren. Mit schon einem Jahr hat das Baby die Sehkraft eines Erwachsenen erreicht und blickt neugierig in die Welt. Natürlich lernen wir auch als Teenager und Erwachsene immer wieder dazu und das Sprichwort der Großmutter: "Was Hänschen nicht lernt, lernt Hans nimmer mehr" hat keine Daseinsberechtigung und kann Tausendfach widerlegt werden. Denn auch im hohen Alter können wir noch mit etwas ganz Neuem beginnen, mit Mitte 50 kann ebenso gut auf einen anderen Berufszweig umgesattelt werden und bei täglichem interagieren mit Menschen erfahren wir Neues, das wir selbst in unser Wissen übernehmen. Auch wenn es mit zunehmendem Alter schwieriger wird, es ist nichts unmöglich.

Im ersten Lebensjahr ist das Kind aus anthropologischer Sich noch quasi mit der Mutter verschmolzen und lernt am besten, wenn ein enger Kontakt zwischen Säugling und Mutter besteht. Kinder, die diese Verschmelzung mit der Mutter nicht erleben können, leiden in späterer Zukunft häufig unter dem Problem, sich selbst finden und erfahren zu können. Das Kleinkind durchläuft nun spannende Phasen wie die Trotzphase. Diese ist für die Entwicklung enorm wichtig, denn hier lernt das Kind sowohl sich durchzusetzen, als auch Grenzen zu erkennen und zu akzeptieren.

Wichtig ist für Kinder und auch Jugendliche ein enger sozialer Kontakt mit der Herde, der Familie. Hier entsteht die Prägung und Kinder lernen, wie man weder zum Opfer wird, noch andere zum Opfer macht. Die häufigsten sozialen Störungen lassen sich auf dieses Alter zurückverfolgen, auch wenn sie erst viel später, zum Beispiel in den 40-er Jahren auftreten. Kinder, die es gelernt haben, dass freies Denken etwas Wichtiges ist, können sich auch später im Leben besser entfalten und durchsetzen. Bis zu einem Alter von 14 Jahren werden Werte vermittelt, die den Menschen das ganze Leben hindurch prägen und begleiten. Politische Einstellungen, Meinungen über wichtige Themen wie Geschlechterrollen, Verhalten gegenüber Menschen die anders sind und das Agieren in einem sozialen Gefüge werden hier in die Weichen gelegt. Ein wichtiges Schlagwort, welches in diesem Alter entsteht ist die Moral.

Bis etwa 18 Jahre müssen Kinder immer noch liebevoll begleitet werden, obwohl sie sich mehr und mehr aus dem Nest bewegen und ihre eigenen Lebensweisen entdecken und entfalten. Kinder benötigen zu diesem Zeitpunkt mehr denn je Wurzeln und Flügel zugleich. Der Jugendliche beginnt nun, sich körperlich, emotional, mental und sozial selbst zu finden und zu orientieren. Hier kommen die Einflüsse von Freunden hinzu und für Eltern ist es mehr denn je wichtig, richtige Werte zu vermitteln.

Als erwachsener Mensch werden eventuelle Defizite aus der Kindheit aufgearbeitet, oder man profitiert von einer rundum sorglosen Kindheit, in welcher man alles genossen hat und alle Werte vermittelt bekam. Auch wenn es wie ein Klischee klingt, aber die Frage "Wie war die Beziehung zu ihrer Mutter?" lässt viel auf das psychische und emotionale Verhalten erwachsener Personen schließen.

Die soziale Entwicklung

Das bedeutet jedoch nicht, dass alle Kinder, die keine optimale Kindheit und Jugend erleben durften, automatisch psychisch vorbelastet sind, oder einen schlechteren Start ins Leben haben. Auch in späteren Jahren kann man sich positiv sozial entwickeln. Was jedoch durch Mutterbindung und dem Lernen von Werten innerhalb des familiären Gefüges fast automatisch abläuft muss bei anderen mühsam erarbeitet oder gelernt werden. Kinder, die keine Liebe kennen und nicht wissen, wie es sich anfühlt, in Geborgenheit zu leben, werden immer Schwierigkeiten haben, Nähe zuzulassen. Hier ist es meist ein Partner, oder ein enger Freund, der hilft, diese Defizite aufzuarbeiten. Wer dies auf jenem Weg nicht schafft, der hat die Möglichkeit, die Vergangenheit mit einem Psychologen oder einer Therapie aufzuarbeiten.

Soziale Kompetenz ist wichtig, nicht nur wie wir mit anderen umgehen, sondern, wie wir uns selbst reflektieren. Zwischenmenschliches Agieren zeigt uns unseren Platz im sozialen Gefüge auf. Befinden Sie sich mitten in der Gesellschaft oder eher am Rande? Auch dieser Platz entwickelt sich sehr früh während der sozialen Prägung und muss später oft mühsam aufgearbeitet werden.

Die Geschlechterrollen und die Psychologie

Auch dieses Thema geht weit auf unsere soziale Prägung zurück und auch wenn die Rollen in der heutigen Zeit weitaus besser verteilt sind und Frauen und Männer eigentlich gleichberechtigt werden, haben wir immer noch im Hinterkopf, dass Frauen am Herd stehen und den Haushalt schmeißen. Doch woher kommt dieses fest verankerte Bild im Kopf?

Wenn wir Generationen zurückblicken, bei unseren Großmüttern oder Urgroßmüttern waren die Rollen ganz klar verteilt. Der Mann ging in die Arbeit, brachte das Geld nach Hause und die Frau versorgte die Familie und den Haushalt. Die Frauen waren mehr oder weniger von den Männern abhängig, doch Probleme bekam die Gesellschaft erst, als Frauen immer unzufriedener mit der angedachten Rolle wurden. Scheidungen waren aus finanziellen Gründen nicht möglich und wenn man heutzutage der mangelnden Moral die Schuld an den vielen Scheidungen gibt, so ist dies nur bedingt richtig. Früher hatten Frauen einfach keine andere Möglichkeit, als beim Ehemann zu bleiben, da sie finanziell einfach nicht versorgt waren.

Heute arbeiten Mann und Frau, auch wenn Sie verheiratet sind, und bringen beide Geld nach Hause. Meist passiert dies jedoch auch aus dem Grund, dass es heutzutage kaum mehr leistbar ist, wenn nur ein

Familienmitglied arbeitet. Durch diese soziale Veränderung ist es für alle nachkommenden Generationen normal, dass auch Frauen arbeiten und der Haushalt geteilt wird. Früher war es undenkbar, dass Opa den Staubsauger in die Hand genommen hätte, doch heute ist dies nichts Besonderes mehr. Immer mehr Männer versuchen sich auch in der Küche und können tadellos die Wäsche in die Waschmaschine stecken und auch aufhängen. Hier hat sich die Gesellschaft auf sozialer Ebene sehr verändert.

Auch war es vor 30 Jahren noch eine mittlere Katastrophe, wenn sich der Sohn als homosexuell geoutet hat. Heute ist dies ebenfalls keinen Aufreger mehr wert, einfach weil wir die nachfolgenden Generationen geprägt haben, dass es mehr als nur schwarz und weiß gibt und die Welt erst mit vielen Farben so richtig bunt wird. Hoffentlich bekommen die Menschen in der jetzigen Generation und den nachfolgenden Generationen auch die Rassenthematik in den Griff. Wie schön wäre es, wenn Menschen aller Hautfarben und aller Religionen friedlich miteinander leben können.

Was ist Moral?

Die Moral bezeichnet die ethischen und sittlichen Normen und Richtlinien, wie eine Gesellschaft zu funktionieren hat. Ohne Moral würde auf der Welt Sodom und Gomorrha herrschen und Morde, Verbrechen und Gräueltaten werden nur von Menschen verübt, die keine Moral besitzen. Moralisches Handeln ist jenes, das wir von anderen Mitmenschen erwarten und daher selbst dementsprechend handeln sollten. Friedlich und ohne Gewalt, frei von Neid, Hass und Ekel sollten wir den Mitmenschen gegenüber treten. Wenn sich etwas nicht richtig anfühlt, dann ist es auch meist moralisch verwerflich. Wir haben es in unseren Genen und wurden sozial auch dahingehend geprägt, dass zum Beispiel Betrug nicht in Ordnung ist. Leider übertreten viele zu schnell diese Grenze und ist die Hemmschwelle erst einmal durchbrochen, so fällt es immer leichter, unmoralisch zu handeln.

Auch mit schlechten Taten oder sogar Verbrechen ist es so wie mit dem Sprung vom 10-Meter-Turm. Der erste Sprung kostet immens viel Überwindung, doch danach fällt es merklich leichter. In der Psychologie und Wissenschaft beschäftigt man sich ebenfalls mit der Moral und den Moralvorstellungen. Hier wird der Begriff als Ethik bezeichnet.

Psychologie und Erfolg

Auch hier sind beide Begriffe sehr eng miteinander verbunden. Sogar viele Teilgebiete der Psychologie sind für einen persönlichen Erfolg im Privatleben oder in der Arbeitswelt verantwortlich. Auch sind psychologische Tipps und Tricks gerade für diese Bereiche immens wertvoll - es müssen nicht immer Probleme dahinterstecken, damit man sich mit der Psychologie befasst.

Mehr Liebe in die Partnerschaft zu bringen, selbstbewusster zu werden oder danke NLP Führungsqualitäten zu entwickeln sind nur einige der Bereiche, in welchen es hilft, die psychischen Vorgänge des Gehirns zu verstehen. Psychologie ist, wenn Sie kapiert haben, wie wichtig es ist, welche Umgangsformen Sie pflegen sollten genauso wie das Lesen der Körpersprache und der Mimik und Gestik. Zu wissen, wie Sie andere Menschen "manipulieren" können, kann ebenso hilfreich wie auch spannend sein. Dabei geht es nicht nur darum, den eigenen Willen durchzusetzen, vielmehr ist dies ein Werkzeug um andere zu führen, zu leiten und zu unterrichten.

Psychologie und Motivation

Hierbei geht es sowohl darum andere zu motivieren, als auch um die Selbstmotivation. Depressionen verschlimmern sich um so mehr, je mehr sich der Betroffene verkriecht und in sein Schneckenhaus zurückzieht. Viele Depressionsschübe könnten verhindert werden, wenn Betroffene lernen, sich selbst zu motivieren. Es ist natürlich immer besser nicht erst im letzten Moment zu reagieren. Wer stets einen guten Draht zu Körper, Geist und Seele hat, der kann viele Probleme bereits im Vorfeld abfangen und auflösen.

Sich selbst anzuspornen kann so einfach sein. Mit einem kleinen Mantra täglich, das Sie sich nach dem Erwachen aufsagen, starten Sie den Tag motiviert. Wichtig ist, dass Sie dies rituell und konstant machen, und nicht dreimal in zwei Monaten. Natürlich lässt es sich durch Dinge und Belohnungen leichter motivieren. Versuchen Sie dennoch vom Materiellen wegzukommen. Arbeiten Sie nicht fleißig und gewissenhaft, weil eine Gehaltserhöhung in Aussicht gestellt wird, sondern weil Sie sich gut fühlen, wenn Sie zu den Besten der Besten gehören. Halten Sie die Diät nicht durch, weil Sie sich danach ein chices neues Kleid kaufen, sondern weil Sie sich darauf freuen, bewundernde Blicke auf sich zu ziehen und wieder ein besseres Körpergefühl erlangen. Setzen Sie sich Ziele und notieren Sie sich nun die Punkte, die Sie erreichen möchten. Nehmen Sie Ihr Buch zur Hand und schreiben Sie 5 Wünsche auf. Was hindert Sie bislang daran? Warum haben Sie die einzelnen Ziele noch nicht erreicht? Was benötigen Sie dazu? Überwinden Sie sich, geben Sie dem inneren Schweinehund einen Tritt ins Hinterteil und schreiten Sie motiviert voran.

Psychologie und Sex

Psychologie und Sexualität haben ebenfalls extrem viel gemeinsam. Nicht nur, dass es sehr viele sexuelle Störungen gibt, auch die sexuellen Vorlieben jedes Einzelnen lassen auf unterschiedliche Probleme oder auf Erlebtes in der Vergangenheit schließen. Kaum ein anderes Teilgebiet der Psychologie ist so vielfältig und auch für die breite Masse so interessant wie die Sexualpsychologie.

Der Unterschied zwischen den Sexualtrieben von Männern und Frauen, der Umgang mit Sex als Bestrafung oder Belohnung und viele Arten des Verklemmtseins5 sind nur einige Beispiele, die hier behandelt werden. Viele Beziehungen scheitern zum Beispiel daran, dass es mit der Sexualität einfach nicht mehr passt. Einer der Partner hat weniger häufig Lust als der andere, der Partner fühlt sich zurückgewiesen, ungeliebt und nicht selten entstehen so Seitensprünge. Damit es erst gar nicht so weit kommt, hilft nur eines: Miteinander reden - offen, ehrlich und schonungslos. Zur Hilfe kommt hierbei eine Sexual- und Paartherapeutin. Es muss der Grund gefunden werden, warum der Eine einfach lustlos ist. Zu wenig Vertrauen, eine Krankheit oder Hormonstörung, Angst, Wut oder auch unterschiedliche Erwartungen an den Sex können die Lust auf die schönste Nebensache der Welt deutlich mindern.

Für manche Männer gibt es nichts schöneres, als nach einem heftigen Streit gemeinsam ins Bett zu gehen. Für den Mann sind danach
alle Probleme wie ausgelöscht. Die Frau jedoch fühlt sich benutzt und
unglücklich. Sie kann den Streit nicht einfach vergessen. Der Part-
nerin wäre es lieber gewesen, gemeinsam eine Lösung für den Streit
gefunden zu haben, um erst nach der Versöhnung und Vergebung
miteinander zu schlafen. In den meisten Fällen jedoch wird einfach
nicht darüber gesprochen. Der Mann denkt, es ist alles okay und die
Frau leidet still vor sich hin. Dies kann einmal gut gehen oder auch
drei Jahre, doch irgendwann staut sich der Frust bei einem der Partner auf und das Fass läuft über. Der Partner steht danach vor einem
Scherbenhaufen, und weiß nicht, wie das passieren konnte.

Auch unterschiedliche sexuelle Vorlieben können zu Problemen
führen, wenn die Partner nicht ehrlich damit umgehen. Jeder muss
in einer Partnerschaft sagen, was ihm gefällt und auch, was nicht.
Es macht keinen Sinn die SM Praktiken des Partners jahrelang zu ertragen, um ihn nach 10 Jahren mit der Begründung zu verlassen, SM
zu hassen. Wer etwas mehr braucht als Blümchensex, der muss es
seinem Partner mitteilen. Niemand kann Gedanken lesen. Durch Ehr-
lichkeit könnten die Mehrzahl aller Beziehungen gerettet werden, die
aufgrund von Sexualproblemen scheitern.

Ob schlechter Sex, eine Flaute im Bett, absolute Lustlosigkeit oder
Hemmungen sich zu öffnen, durch Gespräche und eine gemeinsame
Therapie können diese Probleme aus der Welt geschaffen werden.

Emotionen

Jeder steckt voll von Ihnen. Die Rede ist von den Gefühlen. Selbst
Menschen, die als gefühlskalt bezeichnet werden, fühlen mit jeder Sekunde ihres Lebens. Jedoch werden hier meist negative Gefühle empfunden, oder es fehlt an der Fähigkeit Gefühle zu zeigen. Jeder Mensch
ist anders gestrickt, doch gerade dies macht uns zu solch einzigarti-
gen Geschöpfen. Es gibt Menschen, die sind nahe am Wasser gebaut
und bereits ein rührender Werbefilm im TV lässt die Tränen kullern.
Andere wieder können nicht weinen, sind dafür für Ihr ansteckendes
Lachen berühmt. Andere sind überschwänglich und wieder andere

sehr zurückhaltend. Für die einen müssen bei einer Begrüßung Küss-
chen und intensive Umarmungen ausgetauscht werden, während es
für die anderen reicht, sich nur zuzunicken. Das sagt jedoch nichts
über die Herzlichkeit der einzelnen Menschen aus. Man muss sich
nicht ständig umarmen, um jemanden von Herzen lieb zu haben.

Menschen, die stets von negativen Gefühlen geplagt werden, haben
häufig das Gefühl, einen Stein im Bauch zu tragen. Hier hilft es, sich
genau auf diesen Stein zu konzentrieren, und diesen in Gedanken aufzulösen. Wer ständig den Stachel der Eifersucht verspürt, der wird
immer etwas unglücklicher sein als andere, die von Herzen gönnen
können.

Nun kommen wir zur nächsten Aufgabe. Schreiben Sie fünf Emotionen in Ihr Buch, welche Sie am besten beschreiben. Sind Sie eu-
phorisch oder zurückhaltend, herzlich, eifersüchtig, neidisch, liebevoll oder wütend? Welche Emotionen beschreiben am besten Ihren
gesamten Tag? Überlegen Sie genau. Gerade in diesem Moment, sind
Sie entspannt, weil Sie in Ruhe dieses Buch lesen können, oder eher
genervt, weil Sie dabei andauernd gestört werden? Welche Gefühle
prägen Sie. Nun überlegen Sie woher diese Gefühle kommen, und ob
sich diese positiv oder negativ auf Sie und Ihr Leben auswirken?
Gefühle sollten stets ausgelebt oder aufgearbeitet, jedoch niemals unterdrückt werden. Niemand muss sich seiner Tränen schämen und
es ist für Körper, Geist und Seele immer besser, diesen Tränen freien
Lauf zu lassen. Unterdrückte Gefühle können krank machen. Wer
stets von negativen Gefühlen geplagt wird, und sich niemals fragt,
woher diese kommen, kann ebenfalls mit der Zeit massive Schwierigkeiten, sowohl gesundheitlich, als auch im sozialen Umfeld bekommen. Wer lebt schon gerne mit Menschen zusammen, die unter ständigen Wutausbrüchen leiden und jähzornig sind.

Fragen Sie sich, woher diese Gefühle kommen und wo die Wurzeln
dafür begraben sind. Nehmen Sie Ihre Gefühle an. Erkennen Sie diese
als Teil von sich selbst. Sie müssen jedoch nicht alles als gegeben hinnehmen. "Ich bin halt so" ist nur eine faule Ausrede für alle, die sich
mit Emotionen nicht befassen möchten.

Nutzen Sie Ihre Emotionen auch in beruflicher Hinsicht. Sie können Ihre Mitarbeiter stets besser begeistern und motivieren, wenn Sie selbst mit Feuereifer hinter einem Projekt stehen, und dies auch zeigen. Eine Partnerschaft, eine Freundschaft und jegliche zwischenmenschliche Beziehungen leben von Emotionen. Diese zu zeigen ist keine Schwäche, sondern ein Zeichen von Stärke - und auch Männer dürfen durchaus weinen.

KAPITEL FÜNFZEHN

Persönlich-keiten - Kate-gorien

IN DER PSYCHOLOGIE WERDEN Menschen gerne in Kategorien der Persönlichkeiten eingeteilt. In diesem Kapitel möchten wir uns gerne mit einigen etwas intensiver beschäftigen. Bevor Sie nun beginnen, dieses Kapitel zu lesen, notieren Sie in Ihr Buch, wie Sie sich selbst einschätzen. Zu welcher Kategorie von Persönlichkeit denken Sie, gehören Sie? Im Nachhinein überlegen Sie ein weiteres Mal und überprüfen, ob Sie sich richtig eingeschätzt haben.

In der Psychologie unterschiedet man zwischen vier Persönlichkeits-Kategorien oder Typen. Es gibt optimistische, pessimistische, vertrauensvolle und neidische Typen. Die bekannteste Studie zu diesem Thema ist eine Studie von Anxo Sánchez mit dem Kaninchen. Hier geht es darum, dass sich die Spieler jeweils für eine Antwort entscheiden müssen, ohne die Antwort der anderen Teilnehmer zu kennen. Es geht rein um die Frage, ob sie das Kaninchen lieber alleine jagen möchten, oder gemeinsam mit anderen auch anderes Wild erlegen wollen. Gemeinsam jagen ist jedoch nur möglich, wenn sich beide der Spieler, ohne Absprache, für das gemeinsame Jagen entschließen. Durch viele Algorithmen, Tabellen und Statistiken kamen die Forscher rund um Anxo Sánchez zu folgendem Ergebnis.

Der neidische Typ entscheidet sich für das Alleinejagen, da er auf keinen Fall als Verlierer herausgehen möchte oder schlechter dastehen will als der Spielpartner. Falls sich der Partner auch für die Alleinjagd entscheidet, sind beide gleich gestellt und auf einem Niveau. Würde sich nur der Mitspieler für diese Variante entscheiden, wäre man selbst der Verlierer. Hat nur der Partner die gemeinsame Jagd gewählt, so ist dieser der Verlierer und der neidische Typ kann triumphieren.

Der optimistische Typ wählt immer die gemeinsame Jagd. So kann mehr Beute erzielt werden und er denkt automatisch, dass auch der Mitspieler so denkt. Denn nach seiner Ansicht kann nur gemeinsam viel erreicht werden.

Der pessimistische Typ wählt die Alleinjagd, da er denkt, auch der Mitspieler wählt diese aus. So kann wenigstens jeder eine Kaninchen jagen, wenn schon die große Beute ausbleibt.

Der vertrauensvolle Typ entscheidet sich ebenfalls für die gemeinsame Jagd auf Wild, weil auch er hofft und denkt, dass sich andere für den besseren und größeren Erfolg entscheiden. Er kann sich nicht vorstellen, dass in dieser Situation jemand egoistisch handeln würde.

Anhand dieser kleinen Studie können Sie nun selbst entscheiden und herausfinden, zu welcher Kategorie Sie zählen. Doch seien Sie dabei ehrlich. Geben Sie die Antwort, die Sie tatsächlich geben würden, und nicht jene, die Sie in Ihren Augen besser dastehen lässt. Sie können dieses Spiel auch gerne im Zuge eines Mitarbeiter-Seminars oder mit Freunden während eines Spieleabends veranstalten. Verraten Sie jedoch im Vorfeld nicht, worum es geht. Unterhalten Sie sich im Anschluss über das Ergebnis und diskutieren Sie über die Trefferquote. Sprechen Sie auch darüber, ob Sie und andere sich so eingeschätzt hätten.

Was sind psychodynamische Theorien

Psychodynamische Modelle befassen sich mit der Gesundheit oder Krankheit der Psyche. Dabei konzentriert man sich auf das Verhalten und vor allem auf einen möglichen Lernprozess. Im Mittelpunkt steht die Frage, wie kann Lernen und Training das Verhalten beeinflussen. Bekannt sind die psychodynamischen Modelle nach Sigmund Freud. Hier werden unterschiedliche Persönlichkeitsinstanzen und Bewusstseinszustände beschrieben, wie diese miteinander im Konflikt stehen können. Hier wird vor allem ein Augenmerk auf die gezeigten Abwehr-Mechanismen gelegt.

Im Strukturmodell von Freud geht es hauptsächlich um Persönlichkeitsinstanzen und inwieweit wir uns von unseren Trieben leiten lassen. Er arbeitet mit dem sogenannten Über-Ich, dem Gewissen, das für Werte und Normen und die moralische Vorstellung der Menschen verantwortlich ist.

Auch wird dabei auf das Ich als Vermittler geachtet, welches für die Realität verantwortlich ist und zwischen dem Gewissen und den Trieben vermittelt und ausgleicht.

Auch konzentriert sich Freud auf die Abwehrmechanismen wie Verleumdung, Verdrängung, Isolierung, Verschiebung und Intellektualisierung. Laut dem psychodynamischen Modell können sämtliche psychische Störungen anhand eines Konfliktes zwischen den einzelnen Modellen entstehen.

Was sind psychische Störungen

Psychische Störungen sind Erkrankungen, die unbedingt ernst genommen werden müssen. Auch heute noch ist es so, dass diese aus Scham oft verheimlicht werden oder von vielen nicht verstanden oder akzeptiert werden können. Das liegt darin, dass man eine psychische Störung selten sieht. Hat jemand einen gebrochenen Fuß, hohes Fieber oder Ausschlag, so ist dies offensichtlich. Wir Menschen sind leider so, dass wir für alles einen sichtbaren Beweis benötigen, bevor wir etwas anerkennen.

Wenn jedoch die Seele oder die Psyche erkranken, dann ist dies von außen nicht sichtbar. Der Mensch ist dadurch jedoch nicht weniger krank. Bei psychischen Erkrankungen verändert sich plötzlich oder schleichend die Persönlichkeit. Diese Krankheiten lassen sich daran erkennen, dass die Betroffenen extrem traurig, müde oder abgeschlafft sind, nicht mehr arbeiten können und auch keine Freude mehr am Leben haben. Menschen mit psychischen Erkrankungen schotten sich gerne ab und können ständig abgelenkt oder verwirrt wirken.

Probleme, die unterdrückt wurden, Verluste oder Ängste können psychische Krankheiten auslösen. Einen genauen Grund kann man ohne Therapie nur selten erkennen. Psychische Erkrankungen können aus schlimmen Erlebnissen aus der Kindheit resultieren, aber auch begleitend zu schweren Krankheiten auftreten. Viele Krebserkrankte verkraften die Diagnose nicht und fallen dadurch zusätzlich in ein schwarzes Loch. Dies ist natürlich doppelt gefährlich, da der Körper nun auf zwei Baustellen gleichzeitig arbeiten muss und kaum Zeit hat, sich selbst zu heilen. Psychische Krankheiten sind in seltenen Fällen auch vererbbar. Meist jedoch werden sie ausgelöst, oder durch Vorbildfunktionen provoziert.

Angststörungen

Angststörungen und Panikattacken sind sehr weit verbreitet und eine ernst zunehmende Krankheit, die zwingend behandelt werden muss. Jeder Mensch leidet unter Ängsten, egal ob es die Dunkelheit, ein Hund oder das Alleine sein ist. Der gesunde Körper kann damit jedoch fantastisch umgehen und man zittert vielleicht, bekommt leichtes Herzrasen, aber mit der Situation an sich lässt es sich leicht umgehen.

Bei einer Angststörung jedoch wird die Panik so groß, dass sogar Lebensgefahr drohen kann. Man droht zu ersticken, hyperventiliert, muss sich übergeben oder reagiert völlig irrational. Die Gefahr bei diesen Störungen ist, dass sich die Betroffenen immer mehr zurückziehen, um nicht den Auslösern für die Ängste ausgesetzt zu sein. Man schämt sich, wenn man mit Schweiß überströmt und sich an den Partner klammernd über die Fußgängerbrücke tapsen muss und sich am Ende übergibt. Die Ängste dominieren das Leben, so dass für kaum etwas anderes Raum bleibt. Die Gedanken kreisen ständig rund um diese Ängste und man ist in ihnen gefangen.

Affektive Störung

Manien und Depressionen zählen zu den affektiven Störungen. Bipolare Störungen, die auch unter dem Begriff manisch depressiv bekannt sind, zählen zu den am häufigsten auftretenden psychischen Störungen in unserer Gesellschaft. Hier leiden die Betroffenen unter dem Wechsel von extremen Stimmungen. Man ist entweder absolut down und kann sich zu nichts aufraffen oder ist von einer gehobenen Stimmung wie besessen. Zum Himmel hoch jauchzend und zu Tode betrübt ist hier immer noch die treffende Beschreibung. Symptome sind immer dann zu bemerken, wenn die Betroffenen unter immensen Stimmungsschwankungen leiden und von einem Extrem ins nächste fallen.

Persönlichkeitsstörung

Hier kommen die paranoiden, die schizoiden und die histrionischen Störungen vor. Einige davon haben wir bereits in den vorherigen Kapiteln beschrieben. Wenn jemand unter paranoiden Störungen leidet, dann fühlt er sich ständig verfolgt und beobachtet. Man kennt dies im Volksmund unter Verfolgungswahn. Betroffene mit paranoiden Störungen können zwar sämtliche Situationen sehr gut analysieren und sind meist mit einem scharfen Verstand gesegnet, können jedoch niemals das Misstrauen anderer gegenüber ablegen.

Narzisstische Persönlichkeitsstörungen wirken sich dahingehend aus, das die Betroffenen überaus ichbezogen und arrogant wirken. Hinter dem selbstbewussten und distanzierten Auftreten steckt jedoch immer eine große Unsicherheit und Verletzlichkeit. Diese Störung tritt bei Menschen mit geringem Selbstwertgefühl auf und die Betroffenen haben ständig Angst, zu versagen. Diese Krankheit tritt meist auf, wenn man den eigenen Ansprüchen nicht mehr gerecht wird. Diese können sogar dahin führen, dass betroffene Patienten über Suizid nachdenken.

Dissoziative Störung

Zu diesem Krankheitsbild zählen dissoziative Amnesie und die multiple Persönlichkeitsstörung. Belastende Erlebnisse sind die Auslöser dafür, dass die Erinnerung, Teile der Erinnerung oder sogar Teile der eigenen Persönlichkeit von der Realität abgespalten werden. Ein Erlebnis, wie zum Beispiel eine Vergewaltigung oder ein Überfall, kann nicht ertragen werden. Die Erinnerung daran wird vom Gedächtnis als eine Art Schutz ausgelöscht. Hier kann sich sogar die Persönlichkeit auslöschen und sogar der Verlust der eigenen Identität kann daraus resultieren. Das stabile Bild der eigenen Identität zerbricht. Patienten flüchten aus der Realität und erschaffen sich eine eigene Realität fern ab von allem, das sie verletzt hat oder verletzen könnte.

Schizophrene Störung

Bei der schizophrenen Störung, wenn sie akut auftritt, hört der Betroffene Stimmen und leidet unter Verfolgungswahn. Bei der chronischen Phase dieser Krankheit kommt der totale soziale Rückzug und der Patient hört auch häufig zu sprechen auf, die Gefühle verkümmern, man wird antriebslos und achtet auch nicht mehr auf sein Äußeres.

Bei dieser Krankheit gibt es wieder die unterschiedlichsten Formen. Bei der sogenannten Ich-Störung nimmt man die Grenze zwischen dem eigenen Ich und der Umwelt nicht mehr wahr. Alles wird fremd und unwirklich und man verliert die Fähigkeit sinnvoll zu handeln. Auch das Materielle verschwimmt und Eigenes und Fremdes kann nicht mehr unterschieden werden. Zudem denken Patienten, sie werden von anderen hypnotisiert, fremdgesteuert oder manipuliert. Auch leiden viele unter der Wahnvorstellung, dass alle Mitmenschen Gedanken lesen könnten.

Bei der Störung emotionaler Regungen ist man in einer Achterbahn der Stimmungen und Gefühle gefangen. Dies wechselt sich ab mit Niedergeschlagenheit und Angstzuständen. Man fühlt sich leer und auch Mimik und Gestik verkümmern. Jeglicher Blickkontakt mit anderen wird vermieden und es kommt ebenfalls zum totalen sozialen Rückzug. Gleichzeitig kann es auch zu Stimmungshochs mit absoluter Enthemmtheit kommen. Lachen in den unpassendsten Momenten oder weinen, wenn andere lachen gehören ebenfalls zu diesem Krankheitsbild.

Bei einer kognitiven Störung sind die Aufmerksamkeit, das Gedächtnis und die Konzentration gestört. Es kommt zu Denkstörungen und Sprachstörungen. Neue Wörter werden erfunden und auch der Satzbau kommt durcheinander. Betroffene brabbeln wirres Zeug und sprechen zwar mit aber meist nicht zum Thema passend.

Wahnvorstellungen und Halluzinationen sind die zu dieser Krankheit gehörigen Störungen, ebenso wie Auffälligkeiten der Psychomotorik. Dies kann sich entweder in absoluter Unbeweglichkeit, oder auch durch ziellose Aggression äußern.

Katatone Symptome sind Auffälligkeiten der Psychomotorik, bei der eine Antriebsminderung bei Aktivität, Initiative und Spontanität entsteht. Auch die emotionale Reaktionsfähigkeit ist vermindert und Patienten sind nicht mehr fähig spontan zu kommunizieren oder zu interagieren. Heute ist so gut wie bewiesen, dass ein übermäßiger Konsum von Cannabis Schizophrenie in vielen Formen auslösen kann.

Psychische Störungen in der Kindheit

Knapp 20% aller Kinder erleiden während der ersten 5 Lebensjahre eine psychische Störung. Diese werden häufig durch pränatale oder postnatale Mangelerscheinungen ausgelöst. Auch das Nicht-Vorhandensein von engen Bezugspersonen kann zu psychischen Defiziten führen. Häufig aber liegt die psychische Störung an einem Missbrauch, egal ob körperlich oder seelisch.

Die bekannteste Störung, die immer bereits bei Kindern diagnostiziert werden kann ist der Autismus mit seinen Untergattungen. Bei dieser Erkrankung ist es dem Betroffenen unmöglich, normale soziale Beziehungen aufzubauen. Die Sprache wird gar nicht oder in sehr eigener Weise benutzt und es kommt zu zwanghaftem Verhalten und Ritualen. Kinder, die an Autismus erkranken benötigen sehr starke Strukturen und müssen sich auf Eltern und Betreuer sowie einen geregelten Tagesablauf verlassen können. Es erkranken viel mehr Jungen an Autismus als Mädchen und meist wird die Krankheit etwa zwischen dem 2. Lebensjahr und dem Eintritt in den Schulalltag bemerkt.

Viele dieser Kinder sind auch intellektuell behindert und weisen einen IQ von maximal 70 auf. Jedoch taucht bei diesen Erkrankten immer wieder eine Inselbegabung auf. Das bedeutet, diese Kinder können besonders gut Kopfrechnen, Klavier spielen oder Dinge auswendig lernen. Diese Sonderbegabung musst jedoch erst entdeckt und speziell gefördert werden. Betroffene Kinder können diese Begabungen nicht produktiv und sozial-interaktiv selbst einsetzen.

Das Rett-Syndrom ist eine neurologische Entwicklungsstörung, die meist nur bei Mädchen auftritt. Die Sprache und soziale Fähigkeiten entwickeln sich bei dieser Krankheit zurück. Diese Krankheit bricht erst ab dem 6. Lebensmonat bis zum 4. Lebensjahr aus. Bis zu diesem Zeitpunkt entwickeln sich die Säuglinge absolut normal. Danach stagniert das Kopfwachstum und alle bisherigen Entwicklungen entwickeln sich zurück. Häufig treten Krampfanfälle auf und auch Gangstörungen und schwerfällige Rumpfbewegungen sind typisch. Auch sind diese Kinder meist intellektuell schwer beeinträchtigt.

Bei Kindern treten zudem auch häufig das fragile X-Syndrom, das Di-George-Syndrom und Mitochondriale Störungen auf.

Therapien

Psychische Erkrankungen werden am besten mit einer Therapie begleitet. Auch wenn viele Erkrankungen nicht vollständig geheilt werden können und manches Mal dennoch medikamentöse Behandlung nötig ist, können Therapien die Symptome mindern und ein angenehmes, ja sogar ein normales Leben ermöglichen. Therapien können ambulant auf der psychiatrischen Station, Stationär, bei einem Psychologen in Einzel- oder Gruppensitzungen und in speziellen Selbsthilfegruppen durchgeführt werden. Wichtig ist, dass der Patient die Therapie annimmt. Therapien müssen freiwillig besucht werden, in Härtefällen können psychisch Erkrankte jedoch auch zwangsweise eingewiesen und behandelt werden.

Therapien sind facettenreich verfügbar und für jede psychische Beeinträchtigung können unzählige Ansätze für Therapien gewählt werden. Man unterscheidet zwischen handwerkliche, alltagsorientierte, künstlerische und körperorientierte Therapien. Auch Therapien verbunden mit Tieren werden immer beliebter. Ziel der therapeutischen Behandlungen ist es, dem Menschen wieder Vertrauen und Selbstvertrauen zu schenken und es wird explizit auf die körperlichen und geistigen Fähigkeiten eingegangen. Man versucht so gut es geht die Mobilität wieder zu verbessern, oder trainiert die Fähigkeit sozial zu interagieren.

Auch für Angehörige werden spezielle Therapien und Selbsthilfegruppen angeboten. Dies ist besonders wichtig, da häufig Eltern, Partner oder Freunde nicht mit der Diagnose umgehen können. Gerade diese sind jedoch so wichtig, um die Betroffenen auf dem Weg zur Genesung zu begleiten. Nicht nur emotional, sondern auch mit der Materie betraut können Angehörige und Freunde viel für die Patienten tun.

Psychodynamische Therapien

Psychodynamische Therapien zeigen auf, wie die bewussten und unbewussten Kräfte der Psyche arbeiten. Während dieser Therapien wird mit dem Unterbewusstsein gearbeitet. So kann verstanden werden, wie dieses sich auf das eigene Verhalten und Erleben auswirkt. Bei der Psychoanalyse und der psychoanalytischen Therapie wird darauf geachtet, dass die eigene Persönlichkeit quasi nachreifen kann. Diese Sitzungen finden mehrmals pro Woche statt und können über mehrere Jahre dauern. Der Durchschnitt für die Dauer einer Behandlung wird auf etwa 300 Stunden berechnet. Bei dieser Art der Therapie kann in vielen Fällen sogar eine Heilung erzielt werden.

Eine Psychoanalytische Kurzzeitpsychotherapie ist mit etwa 30 Stunden begrenzt und es wird nur ein spezifisches Problem, wie die Angst vor Hunden, Schlangen, Höhe und so weiter behandelt. Hierbei können die Symptome soweit vermindert werden, dass ein verhältnismäßig normales Leben gelebt werden kann.

Bei einer tiefenpsychologisch fundierten Psychotherapie geht es darum, aktuelle innere Konflikte aufzulösen. Diese Therapien werden durchschnittlich mit etwa 80 Stunden angesetzt. Hierbei spielt auch die Beziehung zwischen Patient und Therapeut eine große Rolle. Zum Ziel setzt man sich natürlich den Rückgang der vorhandenen Symptome, wichtig ist jedoch auch, dass der Betroffene seine inneren Konflikte versteht und akzeptiert. Generell werden diese Arten von Verhaltenstherapien von den Krankenkassen übernommen.

Es gibt jedoch viele Therapien, die nicht oder nur zum Teil von den Krankenkassen übernommen werden, da sie als nicht genügend erforscht oder zu experimentell gelten. Bei einer tiergestützten Therapie handelt es sich zum Beispiel und eine alternativmedizinische Methode. Hier werden pädagogische, psychologische und sozialintegrative Komponenten vereint und besonders Kinder und Jugendliche sprechen auf diese Art der Therapien sehr gut an. Doch auch Erwachsene mit kognitiven, sozial-emotionalen und motorischen Beeinträchtigungen profitieren von dieser Art der Therapie.

Auch Familienaufstellungen sind Therapien, die umstritten, jedoch sehr wirkungsvoll sein können. Hier werden seelische Probleme aufgelöst, indem immer wiederkehrende Probleme innerhalb der Familie gesucht werden. Wichtig ist es, den klaren Blick zu erhalten, und sich mit konkreten Problemen zu befassen.

Verhaltenstherapie

Auch die Verhaltenstherapie ist eine spezielle Form der Psychotherapie. Hierbei lernt der Betroffene, wie er mit bestimmten Methoden seine seelischen Probleme und die daraus resultierenden psychischen Belastungen besser bewältigen kann. Sie wurde vom Psychologen John B. Watson anfangs des 20. Jahrhunderts entwickelt. Bei dieser Therapie geht der Psychologe nicht auf die Vergangenheit des Patienten ein. Man konzentriert sich auf das derzeitige Verhalten und die Einstellung des Betroffenen zum Leben. Eine Verhaltenstherapie kann auch als Hilfe zur Selbsthilfe verstanden werden.

Verhaltenstherapie zielt auf das Lernen ab, denn während unseres Lebens befinden wir uns in einem ständigen Lernprozess. Durch unsere Erfahrungen, egal ob gute oder schlechte, wird unser Verhalten geprägt, verstärkt oder geschwächt. Psychische Probleme können entstehen, wenn wir uns falsche Verhaltensmuster antrainiert haben. Diese gilt es während dieser Therapie wieder zu bereinigen. Bei Angststörungen und auch Ess-Störungen greifen diese Arten der Therapien sehr gut.

Kognitive Therapie

Bei dieser Therapie geht es darum, sich um die Einstellung, die Gedanken, die Bewertungen und die Überzeugungen der Betroffenen zu analysieren und dort anzusetzen. Dadurch lernen die Patienten, das Verhalten wieder zu ändern. Negative Gedanken werden in rationale oder positive Gedanken umgewandelt. Gerade für depressive

Patienten sind die kognitiven Therapien sehr wirkungsvoll. Sämtliche Störungen, bei denen der Patient eine falsche Wahrnehmung vom Körper hat, oder die Realität verzerrt wahrnimmt, können damit behandelt werden. Auch traumatische Erfahrungen, Süchte und stressbedingte Belastungen wie Burn-out sind für diese Arten der Therapien geeignet.

Humanistische Therapie

Bei der humanistischen Psychotherapie werden selbstregulierende Prozesse und die Potentialentfaltung unterstützt. Hierbei werden sowohl die emotionale, als auch die kognitive, die interaktive und die körperliche Ebene angesprochen. Im Fokus stehen der Sinn, der Wert und auch die Zielvorstellung des Betroffenen. Die humanistische Therapie setzt sich aus vielen Einzelheiten zusammen. Neben der Gesprächspsychotherapie nach Carl Rogers wird hier eine Gestalttherapie durchgeführt. Komplettiert wird die Therapie durch Körperpsychotherapie, Psychodrama, Transaktionsanalyse, Existenzanalyse und Logotherapie. Auch Focusing, emotionsfokussierte Therapien, integrative Therapien, Existenzanalysen und die Pesso Therapie sorgen hier für ein abwechslungsreiches Programm. Immer steht jedoch der Mensch bei diesen Therapien im Mittelpunkt. Der Patient wird animiert sehr kreativ, selbstbestimmt, frei und aktiv zu denken und zu handeln.

Gruppentherapie

Gruppentherapien sind perfekt für alle, die sich unter Menschen leichter öffnen können. Viele empfinden die Zweisamkeit mit nur einem Psychologen als zu intim oder befremdlich. Zudem bieten Gruppentherapien vielen die Erfahrung, dass man nicht alleine mit den Problemen dasteht. Der Patient erkennt, dass auch andere Menschen unter den selben Problemen leiden. Zudem können Patienten von den Erfahrungen der anderen profitieren. Gerade wenn sich andere öffnen, fällt es leichter, sich selbst auch zu öffnen. Betroffene bekommen Anregungen und Analysen nicht nur von einem Therapeuten, sondern auch Ratschläge und positive Ansätze von Menschen, die ebenfalls genau wissen, worum es bei den spezifischen Problemen geht.

Psychologie und Bezie-hungen

GERADE IN BEZIEHUNGEN, EGAL ob Freundschaften, Partnerschaften oder Ehen und Familien spielt die Psychologie eine große Rolle. Es beginnt mit der Kindererziehung oder auch mit der Erziehung des ersten gemeinen Haustiers und endet nicht damit, dass Frauen Ihre Männer mit kleinen psychologischen Tricks zu einem "besseren" Mensch machen möchten. Auch viele psychische Störungen wurzeln in Beziehungen, wenn Partner besonders obsessiv, dominant oder manipulativ sind.

Mit einigen psychologischen Tipps und Tricks kann eine Beziehung harmonisch und langlebig sein, auch in der heutigen Zeit, die kurzlebig ist. Was früher eher ein lockerer Spruch war, ist heute wissenschaftlich bewiesen. Es geht hierbei um die viel zitierte Chemie, die zwischen zwei Menschen stimmen muss. Dabei ist es wichtig, dass sich die Partner ähneln. Auch wenn Gegensätze interessant sind und sich anziehen, laut Psychologen gibt es drei Punkte, in welchen sich Paare ähneln sollten. Wenn die Herkunft eine ähnliche ist, hat die Beziehung eine größere Chance, als bei Paaren, die aus unterschiedlichen Kulturen kommen und von den Eltern unterschiedliche Werte vermittelt bekamen. Damit ist gemeint, dass sich Personen mit einer besonders tiefen religiösen Erziehung oder einer sportlichen oder musischen Prägung besser verstehen und viele Gemeinsamkeiten haben.

Ein weiterer markanter Punkt ist, wie sich die einzelnen Personen als Kind gefühlt haben. Ähnliche Emotionen und ein ähnlicher Weg durch die Kindheit und die Pubertät prägen und verbinden ebenfalls. Was die Erwachsenen bis Dato gelernt haben und welche Werte sie haben ist Punkt Nummer drei, der laut Psychologen ähnlich sein sollten, damit eine hohe Chance für das Bestehen einer Beziehung ist.

Partner sollten ähnliche Wertvorstellungen haben. Spontanität sollte für beide kein Problem sein und wichtig ist es, dass man gemeinsam Spaß haben kann. Lachen ist ein wichtiger Werkstoff oder Kleister, der verbindet. Wer mit seinem Partner nicht lachen kann, wird sich früher oder später nach einem gleichgesinnten Partner umsehen. Auch ist es wichtig, dass beide Partner sich respektieren und achten. Eine Beziehung ist dem Untergang geweiht, wenn ein Partner den anderen für dumm hält und dieses vielleicht auch zu jedem Anlass zeigt. Ist dies der Fall, so wird immer ein Partner unterdrückt und klein gemacht. Dies kann in psychischen Problemen für den Unterdrückten enden und früher oder später zur Flucht aus der Beziehung führen.

Wenn Sie nun überlegen, wie kompatibel Sie mit Ihrem Partner sind, werden Sie vielleicht einwerfen, dass doch auch Gefühle und die Optik eine Rolle spielen. Und natürlich ist das Aussehen das Erste, das ins Auge sticht. Doch darauf folgt das Kennenlernen. Und nur, wenn Gemeinsamkeiten gefunden werden, wenn eine Basis geschaffen werden kann, dann entwickelt sich eine Beziehung. Gefühle wachsen nur, wenn zwei sich verstehen, wenn sie gemeinsame Gesprächsthemen finden und auf einer Wellenlänge schwimmen.

Doch es ist nicht immer so, wie es sein sollte und viele Beziehungen bauen auf falschen Steinen auf. Wenn die Optik das Nonplusultra ist, dann muss später damit gerechnet werden, dass es einem Partner langweilig wird, denn nur mit einem schönen Gesicht und einer sexy Figur kann man nicht lachen und keine intellektuellen Gespräche führen.

In vielen Beziehungen kriselt es jedoch nicht, weil die Partner keine Gemeinsamkeiten haben, sondern weil ein Partner über dem anderen stehen will. Eifersucht ist zum Beispiel eines der größten Probleme und sie ist eine psychische Belastung für beide. Der eifersüchtige Part leidet, weil er tatsächlich jede Sekunde befürchtet, der Partner würde betrügen. Der andere Part leidet unter dem psychischen Druck, den Kontrollen und den vielleicht lautstarken, aggressiven Auseinandersetzungen. Eifersucht wurzelt immer in zu wenig Selbstvertrauen und einem geringen Selbstwert.

Während einer Partnertherapie können Probleme wie dieses sehr gut in den Griff bekommen werden. Auch wenn ein Betrug im Raum steht, ist es oft hilfreich, wenn ein Psychotherapeut als Vermittler zum Gespräch anleitet. Auch heute scheuen sich noch viele Paare zur Therapie zu gehen. Doch verfahrene Situationen selbst und alleine wieder ins Lot zu rücken ist sehr schwierig und die meisten der Paare geben auf und trennen sich.

Es gibt jedoch auch Partnerschaften, welche nicht mehr zu kitten sind. Bei vielen dieser Beziehungen würde auch jeder Therapeut oder Psychologe zu einer sofortigen Trennung raten. Gewalt in der Beziehung ist eines dieser Themen und auch psychische Gewalt kann den Partner zugrunde richten. Frauen oder Männer, die während einer Beziehung die psychische oder auch physische Gewalt jahrelang aushalten, haben meist selbst so wenig Selbstvertrauen, dass an eine Beziehung nicht zu denken ist. Hier ist es ratsam, zu mehr Selbstbewusstsein zu finden, und danach den Absprung zu wagen.

Emotionaler Missbrauch in der Partnerschaft kommt häufig schleichend und viele erkennen dies lange nicht, oder wollen es nicht erkennen. Noch immer schämen sich Opfer für etwas, das sie erleiden müssen. Frauen oder Männer, die schlecht behandelt werden, isolieren sich dadurch auch zunehmend, aus Angst, jemand könnte den tatsächlichen Zustand der ach so perfekten Beziehung erkennen. Neben den verbalen Anschuldigungen und Beleidigungen, die sehr erniedrigend sein können, haben die Betroffenen auch stets das Gefühl selbst an allem Schuld zu sein. Das kommt daher, dass ein emotional missbrauchender Partner immer sehr gut darin ist, die Schuld von sich zu weisen. Sobald jemand Angst vor seinem Partner haben muss, sollte ernsthaft und schleunigst an eine Trennung gedacht werden. Häufig finden Opfer auch hier noch Entschuldigungen für den Partner. Es liegt nur am Alkohol oder an den Drogen, der vielen Arbeit oder dem finanziellen Stress. Doch kein Stress der Welt und keine Sorgen und schon gar keine Drogen oder Alkohol können einen seelischen, psychischen und physischen Missbrauch rechtfertigen.

KAPITEL SIEBZEHN

Psychologie in der Ge- sellschaft

IN UNSERER GESELLSCHAFT VERWENDEN wir tagtäglich Psychologie, wenn auch nur unbewusst - manche natürlich absolut bewusst. Wir manipulieren unsere Mitmenschen, um unsere Ziele zu erreichen. Wir lesen in der Körpersprache des Gegenübers und legen auch eine gut überlegte eigene Körpersprache an den Tag. Wir fischen nach Komplimenten, drücken auf die Tränendrüse oder begeistern mit einem aufgesetzten Lachen.

Wer sich selbst täglich mit einem Lächeln und positiven Gedanken motiviert, tritt ebenso fröhlich in die Welt hinaus. Das Lächeln ist ansteckend und schon haben Sie die Obstverkäuferin manipuliert, die bis zu Ihrem Lächeln grimmig hinter dem Tresen stand. Wir selbst werden jeden Tag von den Nachrichten, den Medien, der Werbung und Meinungsumfragen am Telefon oder vor dem Einkaufszentrum manipuliert. Der Chef, der Sie heute besonders gelobt hat, verwendet diesen kleinen psychologischen Trick um Sie extra zu motivieren oder zu Überstunden zu überreden.

Die Arbeitskollegin, die Ihnen heute Honig ums Maul schmiert, und ein kleines Geschenk mitbringt, manipuliert Sie, und gerne tauschen Sie so den verhassten Wochenenddienst gegen Ihr schönes freies Wochenende. Zu Hause setzen Sie Ihren Schmollmund ein, damit Sie der Partner zum Essen ausführt oder verwöhnen den Partner besonders, wenn Sie dafür den Urlaub nach Ägypten durchdrücken möchten.

Manipulation an sich ist absolut menschlich und auch nicht wirklich verwerflich, solange sie sich in einem angebrachten Maß verhält. Es gibt jedoch auch Menschen, die immer nur auf ihren Vorteil bedacht sind und tagtäglich egoistisch und auch aggressiv handeln. Diese Menschen können Sie nur mit Ihren eigenen Waffen schlagen, oder, da Sie sich der Manipulation bewusst sind, eine Mauer aufbauen, an der alle Schmeicheleien und schönen Worte abprallen.

KAPITEL ACHTZEHN

Frieden und Konflikt

WENN ALLE MENSCHEN FRIEDLICH miteinander leben, dann könnte die Welt so schön sein. Es gäbe keine Kriege, keine Verbrechen und kein Leid, das dadurch ausgelöst wurde. Doch Krieg und Streit entsteht immer dann wenn jemand mehr Macht haben möchte als der andere. Das passiert in unserer Gesellschaft im kleinen Kreis genauso wie zwischen den einzelnen Ländern und Kontinenten.

Viele Kriege wären heute nicht mehr nötig, da es sich bei den Streitpunkten und Themen handelt, die bereits lang überholt und nicht mehr zeitgemäß ist. Doch hier wurde über Jahrzehnte so viel kaputt gemacht, dass Misstrauen, Argwohn, Hass und Verletzungen durch Traumata so stark sind, dass an ein Verzeihen nicht gedacht werden kann. Der Hass und die Vorurteile werden von Generation zu Generation übergeben. Man muss sich nur den Konflikt im nahen Osten, zwischen Indien und Pakistan oder zwischen den ethnischen Minderheiten in Myanmar oder auf Sri Lanka ansehen. Hier würden alle Psychologen der Welt für immer beschäftigt sein, um zwischen den einzelnen Parteien zu vermitteln.

Wenn Sie jetzt im Internet nach den Konflikten auf der Welt suchen, werden Sie erschüttert sein, an welchen Orten es bedrohlich brennt. Terror steht an der Tagesordnung und auch die Anzahl der Gewalt in den Städten wird immer stärker. Doch wird die Welt tatsächlich immer gefährlicher und wir Menschen aggressiver? Oder liegt es daran, dass heutzutage die Informationsquellen einfach besser und schneller sind? Überlegen Sie, was Sie im Kleinen für den Weltfrieden, oder den Frieden in Ihrer Umgebung unternehmen können.

Konflikte lassen sich nicht vermeiden, sobald mehrere Menschen aufeinander treffen. Jeder hat seine eigenen Weltanschauungen und vertritt seine persönliche Meinung vehement. Doch gibt es psychologische Tricks, die bei der Konfliktbewältigung helfen.

Doch auch wir selbst stehen oft im Konflikt. Der innere Konflikt äußert sich durch ein hin- und hergerißen sein. Viele Dinge und Aktionen ziehen Konsequenzen mit sich. Und manchmal ist es nicht so einfach, zwischen den positiven und negativen Konsequenzen zu wählen. Gibt es bei Ihnen auch Situationen, die Sie innerlich zerreißen und Sie nicht wissen, wie Sie sich entscheiden sollen? Manchmal nennen wir es auch die Qual der Wahl - doch kann es uns immens beschäftigen, dass wir uns kaum auf etwas anderes konzentrieren können.

Überlegen Sie nun, wie Sie in Konfliktsituationen handeln. Sind Sie eher der aggressive Typ, reagieren Sie mit Flucht und versuchen Sie Konflikte einfach zu vermeiden? Sagen Sie lieber ja, um nur keinen Streit zu provozieren? Oder gehen Sie selbstsicher in jede Konfliktsituation?

Aggressives Konfliktverhalten äußert sich verbal und es kommt häufig zum Streit. Doch auch der Tratsch hinter dem Rücken, Mobbing und Intrigen zählen zum aggressiven Konfliktverhalten. Versuchen Sie herauszufinden, woher die Wut, der Hass und der Zorn kommen. Wo sind die Auslöser zu finden und würde es Ihnen helfen, wenn Sie in einer Konfliktsituation kurz in sich gehen, tief atmen und die Situation mit einer Minute Abstand betrachten. Auch eine kurze Meditation kann Sie davor bewahren, zu explodieren.

Aggressionen sind nicht gut, doch auch die Flucht vor Konflikten ist genauso kontraproduktiv. Auf Dauer verlieren Sie dadurch Ihre eigene Identität und gelten bei anderen als Einschmeichler. Flucht vor Konflikten kann sehr schnell zu Depressionen führen, auch flüchten sich viele, die Konfrontation scheuen, in Alkohol oder Drogen. Bleiben Sie stark und erkennen Sie, dass es nicht gefährlich ist, wenn Sie höflich Ihre Meinung vertreten. Sie werden dadurch nicht weniger geliebt oder geschätzt. Im Gegenteil, man wird Ihnen mehr Respekt entgegenbringen. Machen Sie sich klar, dass auch Ihre Meinung zählt. Fühlen Sie sich nicht klein und lassen Sie sich auch von niemandem klein machen. Haben Sie keine Angst etwas falsch zu machen. Aus Fehlern kann man lernen und Fehler sind menschlich. Durch die ewige Flucht, andauerndes Nachgeben und bedingungsloses Ja-Sagen werden Sie schnell zum Opfer abgestempelt.

Perfekt wäre es natürlich in allen Konfliktsituationen selbstsicher zu bleiben. Es ist wichtig, die eigene Meinung zu vertreten, jedoch auch andere Meinungen zu hören und zu akzeptieren. Beharren Sie nicht aus Prinzip auf Ihrem Standpunkt. Wenn Sie erkennen, dass Ihr

Gegenüber Recht hat, ist es keine Schwäche, dies auch zuzugeben. Zeigen Sie Gefühle und handeln Sie der jeweiligen Situation angepasst. Bleiben Sie ruhig und konzentriert und versuchen Sie, Ihre Stimme und auch die Mimik und Gestik zu kontrollieren.

Sie haben ein Recht darauf, die eigene Meinung zu sagen und auch Ihre Wünsche zu äußern. Dieses Recht müssen Sie jedoch auch allen anderen zukommen lassen. Es ist nichts Persönliches, wenn andere nicht Ihrer Meinung sind. Dies ist keine persönliche Ablehnung und als solche dürfen Sie eine andere Meinung auch nicht auffassen. Wenn Sie in Konfliktsituationen selbstsicher auftreten, dann behalten Sie stets die Kontrolle und den Überblick. Reagieren Sie hitzig und Aggressiv, so verlieren Sie im wahrsten Sinne des Wortes den Kopf. Reagieren Sie kontrolliert, so geben Sie sich und anderen die Chance, die Sachlage auszudiskutieren. Ihr Gegenüber fühlt sich verstanden, ernst genommen und respektiert. Dies ist die beste Basis für ein optimales zwischenmenschliches Verhalten ohne ausartende Konflikte.

Psychologisch lässt es sich ausmachen, woher Ihre Methode zur Lösung von Konflikten stammt. Meist haben Sie die Art und Weise von den Eltern, später von Freunden oder anderen Familienmitgliedern übernommen. Doch auch hier lässt sich jedes Muster durchbrechen, Sie müssen es nur sehen und sich der Situation bewusst sein.

KAPITEL NEUNZEHN

Psychologie und NLP

NEUROLINGUISTISCHES PROGRAMMIEREN IST IHR perfektes Werkzeug, um mit Ihrem Verhalten andere Menschen zu beeinflussen und zu manipulieren. Aus diesem Grund hat NLP einen etwas schlechten Ruf, doch wer sich genauer mit dem Thema befasst, der wird erkennen, dass es sich dabei um ein sehr spannendes Thema handelt und sehr viel Psychologie mit im Spiel ist. NLP ist für Eltern, für Lehrer, für Manager und Personen in Führungspositionen ebenso wertvoll wie für alle, die etwas mehr Selbstbewusstsein generieren möchten. Mit NLP haben Sie eine Fähigkeit, mit der Sie wirkungsvoll mit anderen kommunizieren können. Viel über diese Techniken und Methoden, und die innere Einstellung dazu können Sie in unserem NLP Buch nachlesen.

Hacking You - Das große NLP Buch
Von: Ulrich Sprenger Menlow

http://bit.ly/NLP-Buch

Durch NLP können Sie nicht nur andere beeinflussen, sondern auch Ihr eigenes Verhalten ändern. Sie erweitern Ihren Horizont und erkennen neue Möglichkeiten, wie Konflikte gelöst werden können. NLP ist die Möglichkeit mit sich selbst und mit anderen zu kommunizieren und auch verstanden zu werden. Dadurch wird das Verhältnis zu anderen und zum eigenen Ich verbessert. Gespräche und Vorträge erhalten mehr Qualität und mehr Aussagekraft. Sie wirken charismatisch. Denken Sie nur an Politiker und Stars, wenn diese einen Vortrag halten und alle gebannt an Ihren Lippen hängen. Auch diese Menschen haben ein fundiertes NLP Training hinter sich.

NLP entstand bereits in den 1970-er Jahren, als in Amerika eine Forschung angestrebt wurde, warum einige Psychotherapeuten eine höhere Heilungsquote hatten als andere. Aus den Forschungen und Ergebnissen entstanden die heutigen Methoden auf welchen NLP basiert. Bandler und Grinder gelten als die Schöpfer des neurolinguistischen Programmierens. Permanent werden die Theorien und Praktiken verfeinert. Haben Sie keine Angst vor NLP, es ist keine Magie und keine Zauberei. Wie Psychologie selbst, befasst sich diese Methode mit unserem Körper, dem Geist und der Seele und unterstützt Sie dabei, das Beste aus jeder Situation zu ziehen.

KAPITEL ZWANZIG

Extrakapitel – Positive Psychologie im Alltag – Der Weg hin zu einem unbeschwerten, glücklicheren und besseren Leben

NACH DEM SIE NUN bereits eine ganze Menge über Psychologie erfahren haben, widmet sich dieses Kapitel dem Thema der positiven Psychologie. Bevor nun im Detail darauf eingegangen wird, wie innere Blockaden gelöst werden können, wie es jedem gelingt, schlechte Gewohnheiten zu identifizieren und durch positive zu ersetzen, wie auf nachhaltige Weise Selbstliebe aufgebaut wird und wie Achtsamkeit dabei hilft, klarer durch das Leben zu gehen, soll zuerst darauf eingegangen werden, was positive Psychologie überhaupt ist. Darauf aufbauend wird dann tiefer in das Thema eingestiegen, wertvolle Methoden, Techniken und Werkzeuge vorgestellt und abschließend weitere Sofort-Tipps für ein glücklicheres Leben zur Verfügung gestellt.

Was ist die positive Psychologie überhaupt?

Die positive Psychologie ist nichts anderes als „die Wissenschaft vom Glücklichsein" bzw. „die Wissenschaft von einem erfüllten und gelingenden Leben". Es dreht sich also alles um die „Glücksforschung". Der wichtigste Forschungsansatz der positiven Psychologie ist es also, herauszufinden, was Menschen in ihrem Leben glücklicher und zufriedener macht.

Ihren Ursprung hat die positive Psychologie im Jahre 1954, als Abraham Maslow, feststellte, dass Psychologen nicht nur in der Lage sind, bereits erkrankten Menschen zu helfen, sondern auch, um das Leben von gesunden Menschen besser und lebenswerter zu machen. Herr Maslow – übrigens der Erfinder der Maslowschen Bedürfnispyramide – war also der erste, der den Begriff „positive Psychologie" verwendet hat. Dieser wurde dann erst fast 50 Jahre später erneut aufgegriffen und zwar von dem US-amerikanischen Psychologen Martin Seligman. Herr Seligman, der an der Universität von Pennsylvania unterrichtete und im Jahr 1998 zum Präsidenten der American Psychological Association (kurz APA) – der nach eigenen Angaben größte Psychologenverband der Welt - gewählt wurde, sprach er in seiner Antrittsrede die positive Psychologie an. Er schlug vor, dass sich die psychologische Forschung endlich auch der Selbstentwicklung von Personen zuwenden und nicht immer nur den Fokus auf psychische Störungen und wie diese behoben werden können gelegt werden sollte.

Das Konzept, dass Seligman zur positiven Psychologie führte, ist das der „erlernten Hilflosigkeit". Um den Rahmen dieses Kapitels und des gesamten Buches nicht zu sprengen, soll hier nur kurz erläutert werden, was das Konzept der „erlernten Hilflosigkeit" ist. Die „erlernte Hilflosigkeit" ist das Gefühl, dass an einer bestimmten Situation sowieso nichts mehr geändert werden kann – also, dass zwischen dem Verhalten eines Menschen und den Ergebnissen, die aus eben diesem Verhalten hervorgehen, kein Zusammenhang besteht. Die „erlernte Hilflosigkeit" ist also negativ und führt bei manchen Menschen zu Defiziten, die sich im Hinblick auf die Motivation, die Emotionen und die Kognition (alle Prozesse, die mit dem Wahrnehmen und dem Erkennen in Verbindung stehen) bemerkbar machen. In extremen Fällen kann die „erlernte Hilflosigkeit" sogar zu Antriebslosigkeit, gedrückter Stimmung und Freudlosigkeit führen und somit das Erkranken an einer Depression fördern.

Wer also in schwierigen Momenten und Situationen glaubt, daran sowieso nichts mehr ändern zu können, der verliert die Hoffnung und erlernt automatisch hilflos zu sein. Dadurch wird das Verhalten des Nichtstuns von der Erwartung sowieso nichts tun zu können beeinflusst, wodurch wiederum das Ergebnis, dass ja eh nichts besser wird, beeinflusst. Daraus lässt sich die positive Psychologie ableiten, denn wenn gelernt wird, auch die kleineren Ziele, die erreicht wurden, zu schätzen, dann löst dies ein Gefühl der Glücklichkeit aus. Dieses Glücklichkeits-Gefühl trägt dann entschieden dazu bei, dass auch die etwa schwierigeren, großen Ziele leichter verfolgt und schließlich auch erreicht werden.

Inhalt und Ziele der positiven Psychologie

Die positive Psychologie beschäftigt sich zentral mit der Frage, wie Glück definiert und gemessen werden kann. Auch das subjektive Wohlbefinden spielt dabei eine wichtige Rolle und deshalb ist auch die Frage, wie dieses gesteigert werden kann, ein fundamentaler Bestandteil der positiven Psychologie. Zudem wird im Rahmen der positiven Psychologie auch der Frage nachgegangen, aus welchem Grund einige Menschen bzw. Gruppen glücklicher sind als andere. Vereinfachend kann hier festgestellt werden, dass die positive Psychologie den Fragen nachgeht, was den Menschen stärkt, wie Lebensfreude gesteigert wird und ob Optimismus erlernbar ist.

Diese Fragestellungen werden für wissenschaftliche Untersuchungen genutzt, um daraus neue psychologische Interventionen abzuleiten. Wichtig ist – schließlich handelt es sich bei der positiven Psychologie um eine Wissenschaft – dass tatsächlich wissenschaftlich belegbare Auswirkungen zu erkennen sind. Letztere dienen dazu, um neue Denk- sowie Verhaltensmuster daraus abzuleiten, diese zu erlernen und anzuwenden, um schlussendlich ein zufriedeneres und besseres Leben führen zu können.

Die Ziele der positiven Psychologie sind eigentlich ganz klar. Es wird, wie bereits weiter oben erwähnt, versucht, neue Denk- und Verhaltensmuster zu finden, die dazu beitragen, ein glücklicheres Leben zu führen. Der Sinn und Zweck, der sich dahinter verbirgt, ist, dass das Glück positive Auswirkungen auf das Leben der Menschen hat. Das Ganze gilt nicht nur im Hinblick auf die Gesundheit und Lebensdauer von Menschen, die durch Glück bzw. Glücklichkeit verbessert bzw. verlängert werden. Glück trägt auch dazu bei, um ganz grundsätzlich erfolgreicher im Privat- und Berufsleben zu sein. Glück verbessert Beziehungen, regt die Kreativität an und macht das Leben einfach lebenswerter. Die Förderung der Lebenszufriedenheit steht also im Mittelpunkt der positiven Psychologie. Doch nicht zu vergessen ist an dieser Stelle auch, dass das Stärken der psychologischen Widerstandskraft und das Vorbeugen von psychischen Störungen und Erkrankungen ebenso wichtige Bestandteile der positiven Psychologie darstellen.

Interessant ist die Frage, nach dem Sinn und Zweck der positiven Psychologie, obwohl die Antwort dafür eigentlich schon auf der Hand liegt. Wieso ist positive Psychologie heute so wichtig, sogar wichtiger denn je? Obwohl es dem Menschen noch nie so gut ging, wie heutzutage – im Hinblick auf Reichtum, Bildung und Gesundheit – war unsere Spezies noch nie so unglücklich. Mittlerweile gelten Depressionen und Burnout als Volkskrankheiten. Doch vielen Menschen ist nicht klar, dass „nicht unglücklich" noch lange nicht bedeutet, dass jemand auch tatsächlich glücklich ist.

Da sich die herkömmliche Psychologie nur damit beschäftigt, bereits erkrankte Menschen zu heilen, gewinnt die positive Psychologie laufend an Bedeutung. Vor allem im Hinblick auf die heutige Leistungsgesellschaft, die allgegenwärtigen sozialen Medien und den damit verbundenen Druck, immer besser werden zu müssen, ist die positive Psychologie wichtig.

Ein Ausblick - Das ermöglicht die Positive Psychologie und das ermöglich diese nicht

Im Rahmen dieses Unterkapitels soll Ihnen nun ein kleiner Ausblick gewährt werden, der aufzeigt, was die positive Psychologie ermöglicht und was nicht – denn tatsächlich gibt es einige Irrtümer, die hier richtiggestellt werden sollen. Doch zunächst geht es darum, was die positive Psychologie tatsächlich kann.

Im klaren Gegensatz zum Ansatz des „positive Thinkings" (also des positiven Denkens), der darauf beharrt, jegliche unangenehme Situationen zu etwas Positivem zu verwandeln und schwierige Momente einfach „wegzulächeln", ist die positive Psychologie deutlich tiefgründiger. Das „positive Thinking" führt sogar zur Verdrängung, während die Anwendung von positiver Psychologie effektiv dazu beiträgt, mehr Lebensfreude zu entwickeln und daraus die Kraft und Motivation zu schöpfen, die es für die Bewältigung von Aufgaben und Zielen erfordert.

Doch der Glaube, dass sich die positive Psychologie nur um positive Dinge dreht und die negativen Aspekte außer Acht lässt, ist schlichtweg falsch und somit ein Irrglaube. Es wird sich sehr stark mit dem richtigen Umgang mit negativen Emotionen beschäftigt, zum Beispiel durch die Stärkung der psychologischen Widerstandskraft, sprich der Resilienz. Des Weiteren stellt die positive Psychologie den hohen Stellenwert der verschiedenen Gefühle in den Mittelpunkt und arbeitet darauf hin, was Personen dabei hilft, zu wachsen und regelrecht aufzublühen.

Die positive Psychologie stößt immer dann an ihre Grenzen, wenn bei einer Person bereits die Erkrankung an einer Depression festgestellt wurde. Aus Sicht der positiven Psychologie ist es dann „zu spät". Das ist jedoch kein Grund zur Sorge, denn hier setzen andere Disziplinen der Psychologie an, um die psychisch erkrankte Person zu heilen – nämlich eine Akzeptanz und Commitment Therapie (kurz ACT) oder auch eine kognitive Verhaltenstherapie. Wenn es jemandem psychisch tatsächlich schlecht geht, so sollte unbedingt ein professioneller Therapeut konsultiert werden, denn dann hilft die positive Psychologie nicht mehr weiter. Diese – und das wurde hier bereits angemerkt- dient dazu, gesunden Menschen aufzuzeigen, wie es gelingt, die Glücklichkeit zu steigern und auf diese Weise ein besseres Leben zu führen. Ist die Depression überwunden und der Patient geheilt, so kann die positive Psychologie selbstverständlich angewandt werden, um auch in Zukunft glücklich durch das Leben zu gehen. Also, immer wenn jemand nicht aus eigener Kraft aus einer schwierigen, psychologischen Belastung herauskommt, dann gilt es keine Zeit zu verlieren, und die klassische Psychologie zu konsultieren und einen Therapeuten aufzusuchen.

Ein weiterer Irrglaube, der hier behandelt und aus der Welt geschafft werden soll, ist, dass die positive Psychologie lediglich das Glück erforscht. Zum einen ist Glück ein subjektives Empfinden, eine subjektive Einschätzung, die teils stark schwanken kann. Deshalb ist das Glück an sich ein äußerst schwieriges Forschungsobjekt. Problematisch bzw. verkomplizierend ist der Fakt, dass es einige Menschen gibt, die Gefühle intensiver erleben, als andere. Letztere, also die Menschen, die die Gefühle und somit auch das Glück nicht besonders intensiv erleben und spüren, haben keinerlei Nachteil. Extrovertierte Menschen beispielsweise empfinden freudige Stimmung stärker, als introvertierte Menschen – deshalb sind die ersten aber nicht automatisch glücklicher als die zweiten! Es ist also nicht quantifizierbar, wie glücklich jemand ist, eine Messung ist schlichtweg unmöglich – zumindest in Anbetracht der heutigen Methoden und Möglichkeiten. Das ist auch der Grund dafür, dass sich die positive Psychologie mit dem Erforschen des Wohlbefindens und nicht mit der Erforschung des Glücks beschäftigt.

Fünf Faktoren für Wohlbefinden – Das PER-MA-Modell

Martin Seligman hat insgesamt fünf Faktoren identifiziert, an denen das Wohlbefinden einer Person bestimmt werden kann. PERMA setzt sich – wie bereits angesprochen – aus fünf Faktoren zusammen, die weiter unten genau erläutert werden:

- P: Positive Emotion (positive Emotionen)
- E: Engagement (Engagement)
- R: Relations (Beziehungen)
- M: Meaning (Sinn (-haftigkeit))
- A – Accomplishments (Zielerreichung)

Positive Emotion (positive Emotionen)

Sich auf positive Emotionen zu fokussieren, ist mehr, als nur zu lächeln. Eine grundsätzlich positive Einstellung hilft nicht nur dabei, berufliche und private Beziehungen zu verbessern, sondern sich um seine eigenen Handlungsmöglichkeiten bewusst zu sein. Wer also sein Wohlbefinden steigern möchte, der muss positive Emotionen zulassen und sich von diesen inspirieren sowie motivieren lassen. Im Mittelpunkt steht das Sichbewusstmachen von positiven Erlebnissen und Erinnerungen.

Engagement

Engagement zieht Glück an, denn wer sich für eine Sache einsetzt und engagiert, der ist „voll dabei" und arbeitet auf ein bestimmtes Ziel hin. Dafür ist ungeheuer wichtig, dass Tätigkeiten ausgeübt werden, die weder über-, noch unterfordern. Ob sich besonders auf der Arbeit oder bei der Ausübung einer Sportart engagiert wird, das ist egal!

Relations (Beziehungen)

Geld allein macht nicht glücklich – das ist schon lange kein Geheimnis mehr. Der Kontakt und die Interaktion mit anderen Personen ist für den Menschen, der schließlich ein soziales Wesen ist, überaus wichtig, um glücklich zu sein. Achten sollte Sie in jedem Falle darauf, dass Sie positive Beziehungen stärken und negative Beziehungen meiden bzw. abbrechen. Das mag sich zunächst hart anhören, doch wieso sollten Sie sich ständig von einer Person, die vermeintlich Ihr Freund ist, herunterziehen und von dessen Negativität beeinträchtigen lassen? Natürlich hat jeder mal einen schlechten Tag, überlegen Sie trotzdem, ob es möglicherweise Personen in Ihrem Umfeld gibt, die Ihnen alles andere als guttun und meiden Sie den Kontakt. Den Personen, die Ihnen Kraft und Energie spenden, sollten Sie zeigen, dass Sie dankbar dafür sind, beispielsweise mit einer guten Tafel Schokolade – es müssen keine atemberaubenden Geschenke sein, wichtig ist, dass die Person spürt, dass Sie sie schätzen.

Meaning (Sinn (-haftigkeit))

Sobald eine Sache Sinn ergibt, eine Bedeutung hat, so ist es möglich, die eigenen Werte und Sehnsüchte darin wiederzuerkennen. Wenn Sie auf der Arbeit, also bei dem Ausüben Ihres Berufes, Spaß haben, so werden Sie sich damit identifizieren, sich einbringen und Ihre Tätigkeit somit als bedeutsam und sinnvoll bezeichnen. Aus diesem Grund sind Sie von ganz allein motiviert, denn Ihr Beruf und Ihr Leben haben einen Sinn. Wer hingegen der Überzeugung ist, dass der eigene Beruf nur wenig Sinn ergibt oder gar sinnlos ist, bei dem macht sich Frustration breit. Letzteres bedeutet jedoch nicht automatisch, dass kein Ausweg mehr daraus besteht, sondern kann Reaktionen auslösen, die daran etwas ändern – wie zum Beispiel einem Jobwechsel.

Achievement (Zielerreichung)

Das Setzen und anschließende Erreichen von Zielen sind für das Wohlbefinden der Menschen von überaus wichtiger Bedeutung und somit auch im PERMA-Modell von Martin Seligman vertreten. Wenn sich jemand ein Ziel steckt und dieses dann auch erreicht, so wirkt sich das positiv auf das Selbstvertrauen aus. Deshalb ist es wichtig, dass sich die Ziele stets so gesetzt werden, dass die pünktliche Umsetzung bzw. Realisierung möglich ist. Ebenso wichtig ist die Überprüfbarkeit der Ziele. Mit 28 Jahren einen Maserati fahren und in einem luxuriösen Strandhaus in New York leben zu wollen, ist tatsächlich kein realistisches Ziel. Natürlich kommt es bei der Zielsetzung auch immer auf die persönlichen, individuellen Begebenheiten an. Ein wichtiger Schritt auf dem Weg der Zielerreichung ist zunächst, genau zu definieren, was das Ziel überhaupt ist. Anschließend sollten sich Gedanken darüber gemacht werden, wie das eine große Ziel in mehrere kleinere (Etappen-) Ziele unterteilt werden kann. So ist es möglich konsequent darauf hinzuarbeiten, das große Ziel Schritt für Schritt zu erreichen. Und jedes Mal, wenn ein kleines Ziel erreicht wurde, wird das Selbstbewusstsein belohnt und gestärkt – das stellt wichtige Energie und Motivation zur Verfügung, um auch die anderen kleinen Ziele zu erreichen.

Das PERMA-Modell in der Anwendung

Da Glück und Wohlbefinden stets von subjektiven Meinungen und Empfindungen abhängig sind, ist die Frage, was jeden einzelnen Menschen tatsächlich glücklich macht. Während es eine Person als Glück empfindet, an einem kalten Wintertag auf dem Sofa sitzen und an einer Konsole spielen kann, empfindet eine andere Person es als Glück, die Skipisten „herunterzuflitzen". Das sind also zwei völlig verschiedene Auslegungen von Wohlbefinden bzw. Glück. Das PERMA-Modell sollte Sie also auf dem Weg zu mehr Wohlbefinden begleiten. Berücksichtigen Sie die fünf Faktoren für Wohlbefinden von Martin Seligman und Sie werden merken, dass Sie Ihrem individuellen Glück näherkommen.

Positive Psychologie anwenden – Ein Blick auf die Praxis

Nun, da Ihnen, liebe Leserin, lieber Leser, klar sein sollte, womit sich die positive Psychologie beschäftigt und wodurch sich diese charakterisiert, ist es an der Zeit, dass Sie lernen, wie Sie die positive Psychologie für sich nutzen können – schließlich ist nur das Wissen tatsächlich wertvoll, welches sich in der Praxis umsetzen lässt. Dafür soll zunächst ein Blick darauf geworfen werden, wie Sie Ängste identifizieren und erfolgreich bekämpfen können. Außerdem wird detailliert aufgezeigt, wie lästige innere Blockaden gelöst werden, wie mehr Selbstliebe aufgebaut wird und wie Achtsamkeit nachhaltig gesteigert werden kann.

Ängste identifizieren und eliminieren

Die Angst dient dem Menschen als Schutz vor gefährlichen Situationen, doch viele Menschen leiden unter Ängsten, die auf den ersten Blick unbegründet sind. Sei es die Angst vor dem sozialen Abstieg, bestimmten Tieren zu begegnen, vor größeren Gruppen zu reden oder unheilbar krank zu werden, all diese Ängste können zunächst identifiziert und dann Schritt für Schritt eliminiert werden. A n dieser Stelle erwähnenswert ist, dass es angeborene und erlernte Ängste gibt. Eine angeborene Angst ist beispielsweise die vor Höhe oder Dunkelheit. Die soziale Angststörung hingegen ist eine angelernte Angst, die der Mensch nicht braucht, sondern die ganz im Gegenteil hinderlich ist und keinesfalls zum Schutz benötigt wird.

Typische Ängste und wie diese eliminiert werden

Um bei Ihnen Bewusstsein im Hinblick auf die an den häufigsten auftretenden Ängsten herzustellen, werden diese hier aufgeführt. Außerdem wird gezeigt, wie es möglich ist, diese nachhaltig zu eliminieren.

Die Angst vor dem sozialen Abstieg / vor dem Scheitern

Diese Angst ist heutzutage weit verbreitet und bewirkt, dass sich betroffene Personen wichtige Schritte im Leben nicht zutrauen – dabei sind das eben die Schritte, die für das erreichen wichtiger Ziele unbedingt erforderlich sind. Ein Beispiel ist der Schritt in die Selbstständigkeit, der durch die Angst vor dem Scheitern bzw. durch die Angst vor einem sozialen Abstieg blockiert wird.

Doch es gibt die gute Nachricht, dass die Angst vor dem Scheitern nach und nach eliminiert werden kann. Die folgenden Techniken, Tipps und Tricks helfen dabei:

· **Das Selbstwertgefühl überprüfen und stärken**

Mit Sicherheit ist es überaus hilfreich, das eigene Selbstwertgefühl zu überprüfen, denn die Angst zu versagen, kann von einem beschädigten Selbstwertgefühl ausgehen. Eine hilfreiche Übung ist, sich ein bis drei Mal am Tag einen Moment Zeit zu nehmen und sich folgende Sätze zu sagen:

- Ich bin eine tolle Person
- Ich liebe mich so, wie ich bin

Wenn, sobald Sie sich diese Sätze sagen, eine innere Gegenrede auftaucht, so besteht dringender Bedarf, an dem Selbstwertgefühl zu arbeiten. Dazu ist es sinnvoll, sich eine Liste mit den eigenen Talenten, mit den schönsten Körpermerkmalen und mit den besten Charaktereigenschaften anzufertigen. So wird erreicht, dass das Selbstwertgefühl gestärkt und gleichzeitig durch die Selbstannahme die Angst vor dem Scheitern bekämpft wird. Die Probleme werden ganz von alleine erzeugt, indem sich selbst überfordert wird.

· Dem Scheitern eine andere Bedeutung geben

Problematisch ist, dass die Menschen, die unter Versagensangst leiden, das Scheitern viel zu sehr auf sich selbst beziehen. Niemand möchte scheitern, doch im Grunde genommen ist das Scheitern etwas völlig Normales und in der Regel darauf zurückzuführen, dass entweder nicht ausreichend gelernt wurde, weitere Unterstützung erforderlich gewesen wäre oder schlichtweg das erforderliche Wissen nicht vollständig vorhanden ist. Somit ist das Scheitern lediglich ein Indiz dafür, dass etwas – und das mag eine Kleinigkeit gewesen sein – gefehlt hat. Keinesfalls sollte Scheitern mit Wertlosigkeit und / oder Inkompetenz gleichgestellt werden, denn so wird die Angst vor dem Scheitern steigen. Wichtig ist also, das Bewusstsein dafür herzustellen, dass das Scheitern in der Regel darauf zurückzuführen ist, dass etwas gefehlt hat und nichts mit der „Qualität" des Menschen zu tun hat.

· Ziele kleiner stecken

Auch die Selbstüberforderung kann die Angst, zu versagen bzw. zu scheitern stärken oder diese sogar auslösen. Deshalb ist es ungeheuer wichtig, sich nicht zu große Ziele zu stecken. Wenn der Anspruch so hoch ist, dass die Realisierung der Ziele kaum möglich ist, so mündet dies in Demotivation. Sorgen Sie also dafür, dass Sie Ihre Ziele mit Bedacht stecken und achten Sie darauf, dass die Ziele tatsächlich realisierbar sind. Schon bald werden Sie merken, dass Sie durchaus in der Lage sind, Ziele zu erreichen – ein wichtiger Schritt auf dem Weg, die Angst zu scheitern hinter sich zu lassen. Ein wertvoller Tipp ist, sich ein großes Ziel in mehrere kleinere Ziele zu unterteilen und diese nach und nach abzuarbeiten, um das große Ziel zu erreichen.

· Gezielt scheitern

Das gezielte Auseinandersetzen mit einer Angst wird in der Verhaltenstherapie als Desensibilisierung bezeichnet und hilft effektiv dabei, Ängste zu eliminieren. Im Hinblick auf die Angst vor dem Scheitern ist es also hilfreich, gezielt zu scheitern. Suchen Sie sich eine Kleinigkeit aus und scheitern dann gezielt in der Ausübung derselben. Zum Beispiel können Sie an der Kasse im Supermarkt absichtlich Ihre Geheimzahl bzw. PIN falsch eingeben. Gehen Sie danach in sich und schauen, ob sich die Erde noch dreht. Haben andere Ihr Scheitern gesehen? Entstehen dadurch reale Nachteile für Sie? Diese Fragen (und natürlich auch die Antworten darauf) helfen enorm dabei, ein Bewusstsein dafür zu schaffen, dass das Scheitern nicht schlimm ist und dass davon noch lange nicht „die Welt untergeht".

Die Angst vor Nähe

Die Angst vor der Nähe bewirkt, dass Personen Angst haben, eine enge Bindung bzw. Beziehung zu anderen einzugehen. Diese Angst äußert sich beispielsweise dadurch, wenn sich jemand plötzlich nur ungern auf Verabredungen einlässt, stark zwischen dem Bedürfnis nach Nähe und Abstand schwankt oder sich auf einmal zurückzieht. Doch auch gegen diese Angst kann effektiv vorgegangen werden. Folgendes hilft gegen die Angst vor der Nähe:

· Darüber reden

Wenn Sie unter Angst vor der Nähe leiden, ist zu empfehlen, das Gespräch zu suchen und der anderen Person zu erklären, dass ein

Bedürfnis nach Freiheit etwas völlig Normales ist.

· Der Angst auf den Grund gehen

Gehen Sie der Angst auf den Grund und stellen Sie sich die Frage, wieso Sie Bindungsängste verspüren. Möglicherweise liegt es daran, dass Sie Vermeidungsstrategien entwickelt haben, um unangenehmen Situationen zu entgehen, die eigentlich nicht bedrohlich sind. So kann es auch daran, liegen, keine Bindung eingehen zu wollen, weil die Angst vor einer zukünftigen Trennung vorherrscht. Deshalb ist es so wichtig, die Angst zu ergründen.

· Bewusst erleben und genießen

Wichtig ist des Weiteren, dass Situationen bewusst gelebt und genossen werden. Damit ist nicht nur die Zweisamkeit (oder Momente in Gruppen) gemeint, sondern auch die Einsamkeit. Wenn Sie es schaffen, bewusst zu erleben und bewusst zu genießen, so sind Sie auf dem besten Wege, die Angst vor der Nähe zu eliminieren – denn Sie lernen die Nähe zu schätzen.

Die Angst vor Konflikten

Diese Angst haben viele von uns. Dabei ist es wichtig, auch Konflikte nicht zu scheuen, um seine eigenen Interessen und Bedürfnisse nicht hinter die von anderen stellen zu müssen. Die nachfolgenden Methoden unterstützen Sie dabei, Ihrer Angst vor Konfliktsituationen Herr zu werden:

· Konfliktsituationen akzeptieren

Konflikte sind etwas völlig Normales, denn sobald Menschen zusammenkommen – sei es auf der Arbeit oder im privaten Umfeld – treffen verschiedene Meinungen und Ansichten aufeinander, weshalb Konflikte oder zumindest Meinungsverschiedenheiten vorprogrammiert sind. Das muss schlichtweg akzeptiert und von nun an vermieden werden, Konflikten gezielt aus dem Weg zu gehen.

· Die negative Bewertung von Konflikten überprüfen

Wichtig ist, sich bewusst zu machen, dass Konflikte nicht gleichzeitig Nachteile bedeuten. Deshalb sollten Sie in Zukunft Konfliktsituationen als Chance betrachten – als Möglichkeit, Ihre Position und Ihre Interessen durchzusetzen. Mit diesem Bewusstsein wird es Ihnen deutlich leichter fallen, Konfliktsituationen zu meistern und sich dabei zu behaupten.

· Klar und sachlich bleiben

Beachten Sie unbedingt, dass Sie in Konfliktsituationen klar und sachlich bleiben. Es wird empfohlen, die Kommunikation zu entschärfen. Krümelt ein Kollege beispielsweise ständig Ihren Schreibtisch mit seinen Keksen voll, so versuchen Sie, die Kommunikation zu entschärfen: „Herr / Frau XY, ich stelle fest, dass Sie auf meinen Schreibtisch krümeln. Das stört mich und deshalb bitte ich Sie, das in Zukunft sein zu lassen." Bleiben Sie dabei freundlich aber seien Sie unbedingt bestimmt. Wichtig ist außerdem, dass bestimmte Worte, die darauf hindeuten, dass wiederholt ein Ärgernis aufgetreten ist, vermieden werden. Der Satz „ich bin es Leid, andauernd / ständig / immer / schon wieder deinen Teller abwaschen zu müssen." zeugt davon, dass der Teller fast immer stehen gelassen wird. Die andere Person wird sich gekränkt fühlen, weil diese sich lediglich an einige wenige Male erinnert, an denen vergessen wurde, den Teller abzuwaschen. Bitte beachten Sie außerdem, dass Sie zwar objektiv argumentieren sollten, jedoch keinesfalls einstudierte Sätze von sich geben – lassen Sie Gefühle zu, aber bleiben Sie sachlich.

· Das Selbstwertgefühl stärken

Wie bereits unter „Die Angst vor dem Scheitern..." angesprochen wurde, ist es auch bei dieser Angst hilfreich, das Selbstwertgefühl zu überprüfen und zu stärken. Es muss das Bewusstsein hergestellt werden, dass die eigenen Interessen keinesfalls weniger wichtig sind, als die des anderen – sei es in einem Konflikt mit einem Kollegen auf der Arbeit oder mit einem Partner im privaten Umfeld.

Die Angst vor der Einsamkeit

Die Angst vor Einsamkeit äußert sich dadurch, dass der Kontakt zu einer anderen Person oder Gruppe gesucht wird, die eigentlich nichts mit einem zu tun haben möchte – nur, um nicht alleine zu sein. Ein Beispiel dafür wäre der Schüler, der sich danach sehnt Teil der „coolen Gruppe" zu werden, diese ihn aber nur ausnutzt und ihm im Gegenzug das Gefühl gibt, vermeintlich Mitglied der Gruppe zu sein. Mit den folgenden Methoden und Techniken, kann die Angst vor der Einsamkeit besiegt werden:

· Eine Beschäftigung suchen

Wenn Sie ungern allein bzw. einsam sind, dann sollten Sie unbedingt daran arbeiten, auch die Momente, die Sie nur mit sich selbst verbringen schätzen und genießen zu lernen. Nehmen Sie sich ein gutes Buch zur Hand, gehen Sie spazieren oder kochen Sie sich eine leckere Mahlzeit. Akzeptieren Sie, dass sich nicht immer von anderen umgeben sein können und werden.

· Sprechen Sie darüber

Gehen Sie auf die Personen zu, mit denen Sie gerne zusammen sind und sprechen Sie Ihre Angst offen und ehrlich an. Mit großer Sicherheit werden die Personen Verständnis dafür aufbringen und Ihnen gleichzeitig Mut zusprechen. Keiner Ihrer Freunde oder Familienmitglieder wird das Verlangen haben, aus Ihrem Leben zu verschwinden – die Angst vor der Einsamkeit ist dementsprechend unbegründet und wird schon bald der Vergangenheit angehören.

Innere Blockaden lösen

Um sich selbst zu verwirklichen, gilt es, innere Blockaden zu lösen und zu überwinden. Die häufigsten Blockaden, die Menschen daran hindern, sich zu verwirklichen und die selbst gesteckten Ziele zu erreichen, werden nun aufgeführt. Außerdem wird darauf eingegangen, wie Sie diese Blockaden überwinden können.

· „Ich kann es nicht"

„Ich kann es nicht" ist ein ganz typischer Gedanke bzw. eine Blockade, die dafür sorgt, dass wichtige Schritte erst gar nicht gegangen
werden. Dieser Gedanke muss schnellstmöglich aus Ihrem Kopf ver-
bannt werden und darf ab jetzt keine Ausrede mehr sein. Wenn Sie
vor einer vermeintlich schwierigen Aufgabe stehen, dann seien Sie
fest entschlossen, diese zu meistern, der Gedanke „ich schaffe das ja
sowieso nicht" ist eine Lüge, mit der Sie sich selbst lähmen.

· „Ich darf nicht anders sein, als der Rest"

Diese Blockade verhindert, dass wir uns entfalten und verwirklichen.
Die Angst davor, anders zu sein, rührt oft daher, dass es Unmut aus-
löst, durch das Anderssein die Aufmerksamkeit anderer Personen
auf sich zu lenken und dass diese dadurch die eigenen Stärken und
Schwächen erkennen können. Doch wenn die Angst auftritt, durch
das Anderssein von anderen Personen verstoßen zu werden, dann ist
es in der Regel so, dass das Umfeld toxisch ist. Denken Sie in jedem
Fall darüber nach, sich in Zukunft nur mit solchen Menschen zu
umgeben, die Sie in Ihren Vorhaben und auch in Ihrem Anderssein
stärken, Sie unterstützen und eben nicht ausgrenzen.

· „Das ist ja sowieso nicht möglich"

Auch den Satz bzw. Gedanken „das ist ja sowieso nicht möglich" sollten Sie schnell vergessen, denn nur, wer seine eigenen Talente noch
nicht kennt, der sagt / denkt so etwas. Sie müssen den Gedanken „es
ist möglich, ich kann das" zulassen. Überlegen Sie, was Sie machen
würden, wenn alles möglich wäre. Sehr bald werden Sie feststellen,
dass diese innere Blockade leicht überwunden werden kann, Sie sich
dadurch viel mehr zutrauen und auch die vermeintlich unmöglichen
Dinge und Aufgaben schaffen können.

Schlechte Gewohnheiten finden und durch gute ersetzen

Schlechte Gewohnheiten sind, wie es der Name bereits verrät, schlecht für uns! Deshalb ist es zunächst wichtig, diese zu identifizieren. Bei den schlechten Angewohnheiten handelt es sich um Routinen, die sich bereits über Jahre gefestigt haben und somit ein gewisses Gefühl der Sicherheit bei deren Ausübung vermitteln. Wichtig ist, dass Ihnen bewusst wird, dass schlechte Gewohnheiten Ihnen auf kurzfristige Sicht guttun, denn diese aktivieren Ihr Belohnungssystem. Letzteres sorgt dafür, dass das kurzfristige, momentane Glück dem langfristigen, zukünftigen Glück vorgezogen wird. Denn wer möchte am Abend lieber joggen gehen, als sich eine Serie auf dem Sofa anzuschauen? Kurzfristig macht das Serien-Schauen glücklich, doch langfristig würde ein trainierter und gesunder Körper glücklicher machen. Doch was sind schlechte Gewohnheiten überhaupt?

Schlechte Gewohnheiten sind zum Beispiel, zu jammern, anstatt zu handeln, anderen ständig ins Wort zu fallen, zu spät zu kommen, wichtige Dinge aufzuschieben und viele, viele mehr. Jeder muss also für sich selbst herausfinden, was die eigenen schlechten Angewohnheiten sind. Wenn diese nicht gleich klar sein sollten, dann hilft es, Freunde und / oder Familienmitglieder danach zu fragen, denn schlechte Gewohnheiten fallen vor allem unseren Mitmenschen auf. Die folgenden Schritte helfen Ihnen effektiv und nachhaltig dabei, Ihre schlechten Gewohnheiten durch gute zu ersetzen.

1. Schritt – Das Belohnungssystem verstehen lernen und Schlüsse daraus ziehen

Nachdem Sie sich über Ihre schlechten Angewohnheiten im Klaren sind, versuchen Sie jeder einzelnen dieser Gewohnheiten einen Nutzen bzw. eine Belohnung zuzuordnen. Wenn Sie beispielsweise in einem Gespräch mit Ihrem Vorgesetzten etwas sagen möchten, dies aber nicht tun, aus Angst vor einer harschen Zurückweisung des Chefs, so ist die Belohnung für Ihr Schweigen die Harmonie, die Sie eben dadurch erreichen. Fühlen Sie sich dabei tatsächlich gut? Sollten Sie in stressigen Situationen gerne zur Zigarette greifen, so überlegen Sie das nächste Mal nach dem Rauchen, wie genau Sie sich dann fühlen. Fühlen Sie sich entspannter?

2. Schritt – Schlechte / alte Gewohnheiten durch gute / neue Gewohnheiten ersetzen

Machen Sie sich nun Gedanken darüber, ob die Belohnung, die durch die schlechte Angewohnheit ausgelöst wurde, womöglich auch von einer anderen Tätigkeit ausgelöst werden könnte. Diese Tätigkeit sollte natürlich weniger schädlich sein. Probieren Sie beispielsweise die Zigarette durch eine heiße Tasse Tee zu ersetzen. Nehmen Sie es sich fest vor, in der nächsten stressigen Situation einen Tee zu trinken – greifen Sie nicht zur Zigarette! Nach und nach werden Sie so neue Gewohnheiten finden, die positiv sind und trotzdem Ihr Belohnungssystem ansprechen und aktivieren werden.

3. Schritt – Rückfälle in alte Gewohnheiten sind ganz normal

Lassen Sie sich von Rückfällen und dergleichen nicht unterkriegen! Sie müssen gegen die schlechten Gewohnheiten kämpfen, dürfen nicht aufgeben und müssen – wie gesagt – eventuell auch Rückschläge hinnehmen. Deshalb sollten Sie dranbleiben, durchhalten, geduldig sein und niemals aufgeben. Sie haben es in der Hand, Ihre schlechten Gewohnheiten zu besiegen!

4. Schritt – Reflektieren, Dokumentieren und dranbleiben!

Wichtig ist, dass Sie sich bewusst machen, bei welchen Ihrer schlechten Gewohnheiten es Ihnen bereits gelungen ist, diese durch eine gute zu ersetzen. Führen Sie sich die Vorteile vor Augen! A u ß e r d e m sollten Sie ein Tagebuch führen, dass Sie bei Ihrem Kampf gegen die schlechten Gewohnheiten begleitet. Darin notieren Sie, welche schlechten Gewohnheiten bereits ablegt und durch gute ersetzt worden sind. Natürlich ist es wichtig, dass Sie dabei ehrlich zu sich selbst sind und auch die schlechten Gewohnheiten niederschreiben, bei denen noch Verbesserungsbedarf besteht. So können Sie nach und nach an daran arbeiten und langfristig alle schlechten Gewohnheiten „über Bord werfen" – Sie werden es sich danken! Übrigens hilft es, sich eine feste Uhrzeit für die Eintragungen in das Tagebuch zu suchen, um Routine herzustellen. Bleiben Sie dran!

Einfach mehr Gelassenheit im Alltag erlangen - Die Gelassenheitscheckliste

In der Gelassenheit liegt der Schlüssel zur positiven Selbstbeeinflussung und diese ist der erste Schritt das erlernte Wissen praxisnahe an sich selbst anzuwenden. Mit unserer kostenfreien Gelassenheits Checkliste können Sie täglich Ihre Gelassenheit trainieren sowie Ihre Fortschritte messen.

Sichern Sie sich jetzt Ihre kostenfreie und unverbindliche Checkliste für maximalen Erfolg beim Arbeiten mit diesem Buch! Scannen Sie dazu einfach den QR Code!

Tipp!
Falls Sie nicht wissen, wie das mit dem QR Code funktioniert, haben wir am Ende dieses Buches eine Anleitung für Sie verfasst.

Selbstliebe aufbauen

Sie wissen nun bereits, wie Sie schlechte Gewohnheiten durch gute ersetzen, sich Ihren Ängsten stellen und diese überwinden können, um ein unbeschwertes, schönes Leben zu führen. Außerdem haben Sie erfahren, wie Sie es schaffen, negative Blockaden zu lösen, die Sie zuvor daran gehindert haben, sich zu entfalten und Sie selbst zu sein.

Jetzt werden Sie erfahren, wie es Ihnen gelingt, nachhaltig mehr Selbstliebe aufzubauen – ein überaus wichtiger Baustein für eine ausgeglichene Persönlichkeit. Wer sich selbst der schlimmste Feind ist, lebt alles andere als glücklich, weshalb Selbstliebe so wichtig ist. Außerdem kann nur der auch von anderen geliebt werden, der sich auch selbst liebt. Ebenso von Bedeutung ist, dass Selbstliebe nicht mit purem Egoismus verwechselt wird. Selbstliebe ist genau das Gegenteil von Egoismus, denn während Selbstliebe unabhängig und frei macht, macht Egoismus abhängig. Weiter unten finden Sie einige Tipps sowie Übungen, die Sie effektiv dabei unterstützen, Ihre Selbstliebe zu steigern.

· **Sie haben Priorität**

Es spielt keine Rolle, was andere Ihnen sagen oder von Ihnen erwarten. Das Wichtigste ist, dass Sie und Ihre Gefühle Priorität haben, denn das was Sie nicht haben, können Sie anderen nicht geben. Das Ganze zu üben ist nicht schwer: Warten Sie geduldig, bis sich eine Situation ergibt, in der Sie von einer anderen Person gebeten werden, etwas zu tun, was Sie eigentlich gar nicht tun möchten, sei es im Büro einen Kaffee zu holen oder Zuhause die Wäsche aufzuhängen. Sagen Sie entschieden „nein", weder zu abweisend, noch zu freundlich. Geben Sie der Person zu verstehen, dass Sie gerade nicht dafür empfänglich sind – Sie haben Priorität!

· **Helfen Sie jemandem – und zwar bewusst und weil Sie es möchten!**

Anderen Personen zu helfen, ist gut. Doch gibt es immer wieder Momente, in denen man eigentlich gar nicht helfen möchte und dies nur tut, um den Vorstellungen der Anderen gerecht zu werden. Fragen Sie sich in solch einer Situation das nächste Mal, ob Sie gerade die Kraft bzw. Energie dazu haben, die hilfesuchende Person zu unterstützen. Sollte die Antwort darauf „nein" lauten, so sollten Sie auch der Person, die Hilfe benötigt, „nein" entgegnen. Konzentrieren Sie sich auf sich selbst und helfen Sie dann, wenn Sie die Energie dafür haben und tatsächlich helfen möchten. (Das gilt natürlich nicht für Situationen, in denen die hilfesuchende Person auf Ihre Hilfe angewiesen ist und zu Schaden kommen würden, wenn Sie keine Hilfe leisten.)

· Stärken Sie sich selbst!

Weiter oben wurde im Rahmen der Stärkung des Selbstwertgefühls bereits darauf eingegangen, sich selbst immer wieder die eigenen Talente in Erinnerung zu rufen – am besten gelingt Ihnen das, indem Sie eine Liste anfertigen, diese ab und an ergänzen und täglich mindestens zwei Mal einen Blick auf diese Liste werfen, um sich das Ganze in Erinnerung zu rufen. Wichtig ist außerdem, dass Sie Sätze, wie „Man, ich bin einfach zu blöd!" oder „ich bin aber fett geworden!" gänzlich aus Ihren Gedanken streichen. Nutzen Sie nur wenige Sekunden Ihrer Zeit am Morgen und am Abend, um sich kurz vor den Spiegel zu stellen, sich dabei in selbst die Augen zu schauen und sagen Sie: „Ich liebe mich, weil...".

· Schluss mit (übertriebener) Selbstkritik!

Achten Sie ab sofort auf Situationen und Momente, in denen Sie Ihren inneren Kritiker dabei ertappen, dass dieser Sie selbst „herunterzieht". Wenn Sie sich also bei einem negativen Gedanken, wie „ich kann das nicht..." ertappen, dann kontern Sie direkt mit „Halt, ich gebe hier den Ton an und entscheide, was gut für mich und mein Leben ist". Je öfter Sie dies üben – sprich den inneren Kritiker abzublocken – umso leichter wird es! Versuchen Sie diese kleine Übung nach und nach in Ihren Alltag zu integrieren, bis Sie es irgendwann von ganz alleine tun, völlig automatisch!

· Zeit nehmen und genießen – Jetzt sind Sie an der Reihe!

Überaus wichtig, um mehr Selbstliebe aufzubauen, ist, dass Sie sich Zeit für sich selbst und Ihre Bedürfnisse nehmen.

Eine hilfreiche Übung direkt nach dem Aufstehen ist, noch ein wenig im Bett liegen zu bleiben, mit geschlossenen Augen. Währenddessen suchen Sie sich positive Gedanken, zum Beispiel, worauf Sie sich an dem heutigen Tag freuen. Letzteres muss kein besonderes Event sein, freuen Sie sich über die einfachen Dinge! Fühlen Sie sich dankbar, dass es Ihnen gut geht, dass Sie gut geschlafen haben oder darüber, dass Sie in dieser Woche schon viel geschafft haben (ohne sich dabei zu übernehmen!). Auf diese Weise starten Sie positiv und motiviert in jeden Tag und werden diesen mit Sicherheit meistern! Außerdem empfiehlt es sich, das Ganze am Abend zu wiederholen. Reflektieren Sie den Tag und denken Sie dabei an die schönen Momente – Sie werden gut und glücklich einschlafen.

Eine ebenso nützliche und vor allem auch entspannende Übung, ist, sich ganz auf die eigene Entspannung zu konzentrieren. Dafür sollten Sie sich mindestes einmal pro Woche mindestens zwei Stunden Zeit nehmen. Nehmen Sie ein angenehmes Bad oder eine ausgiebige Dusche, wenn keine Badewanne vorhanden ist. Wichtig ist, dass Sie dabei an positive, schöne Dinge denken und den Alltagsstress völlig außen vor lassen. Cremen Sie sich nach dem Bad / der Dusche ganz bewusst mit einer guten Creme ein und genießen Sie den ruhigen Moment mit sich selbst.

Achtsamkeit

Achtsamkeit bedeutet, dass die Handlungen, Emotionen, Gedanken sowie die Physis bewusst wahrgenommen werden. Das Aktive im Hier und Jetzt, das ist Achtsamkeit. Unachtsamkeit – also das genaue Gegenteil von Achtsamkeit – ist, wenn die Dinge stets automatisch getan und erledigt werden. Im Hinblick auf Achtsamkeit haben Tagträume und Zukunftsängste rein gar nichts damit zu tun, denn es geht darum, bewusst in der Gegenwart zu leben und zu genießen.

Bevor Sie erfahren, wie Sie effektiv an Ihrer Achtsamkeit arbeiten und diese nachhaltig verbessern können, wird Ihnen an dieser Stelle, was Achtsamkeit überhaupt bewirkt bzw. was dieses überhaupt für einen Nutzen bringt näher gebracht

Es wurde herausgefunden, dass Achtsamkeit das Immunsystem stärken kann und außerdem dabei hilft, sich nicht so leicht ablenken zu lassen. Mit Achtsamkeit behalten Sie also stets den Fokus auf die wirklich wichtigen Dinge im Leben. Doch nicht nur die Aufmerksamkeit wird durch eine erhöhte Achtsamkeit verbessert, auch das Gedächtnis wird gestärkt. Des Weiteren kann Achtsamkeit Beziehungen verbessern, da die Partner auf diese Weise entspannter sind und sich selbst sowie den jeweils anderen akzeptieren. Achtsamkeit hat noch viele weitere Vorteile, deren Aufzählung wohl den Rahmen dieses Buches sprengen würde. Hier noch ein paar weitere dieser zahlreichen Vorteile: Achtsamkeit vermindert Fettleibigkeit; hilft mit Stress umzugehen; steigert die Kreativität und kann sogar Depressionen vorbeugen.

Nun, da Ihnen bewusst ist, wie wichtig Achtsamkeit tatsächlich ist, finden Sie weiter unten einige wertvolle Tipps und Tricks, wie Sie an Ihrer Achtsamkeit arbeiten und diese nachhaltig steigern können.

Meditieren – Gemütlich und bewusst zu mehr Achtsamkeit

Der Schlüssel zu mehr Achtsamkeit liegt in der Meditation. Diese Konzentrationsübung hilft dabei, Seele, Geist und Körper zu entspannen und sich selbst besser kennen zu lernen.

1. Suchen Sie sich einen bequemen, ruhigen Platz, an dem Sie vollkommen ungestört sind. Wichtig ist, dass Sie bewusst auf Ihre Beine achten. Sie können auf einem Stuhl oder auch auf einem Kissen sitzend meditieren – das ist ganz Ihnen überlassen, wichtig ist, dass Sie sich in der Sitzposition tatsächlich wohl fühlen. Wenn Sie sich für das Kissen entscheiden, so stellen Sie Ihre Füße auf dem Boden ab; wenn Sie den Stuhl präferieren, so kreuzen Sie die Beine vor sich.

2. Anschließend heben Sie Ihren Oberkörper an, bis dieser schön gerade ist, jedoch ohne dabei zu versteifen. Währenddessen achten Sie auf die Position Ihrer Arme, legen Sie Handfläche auf die Oberschenkel, während sich Ihre Oberarme parallel zum Oberkörper befinden.

3. Lassen Sie Ihren Blick langsam Richtung Boden schleifen und senken Sie Ihr Kinn dabei leicht nach unten. Ihre Konzentration liegt auf Ihrem Körper und Ihrer (Körper-) Haltung.

4. Atmen Sie nun bewusst ein und wieder aus, ein und wieder aus. Ihre volle Aufmerksamkeit liegt auf Ihrer Atmung und wie die Luft in Ihre Nase herein- und wieder herausströmt. Fühlen Sie dabei auch, wie sich Ihre Brust anhebt und wieder abflacht. Sobald Sie abschweifende Gedanken haben, die sich nicht mehr nur um Ihre Atmung drehen, lenken Sie diese wieder zurück, sodass Sie sich wirklich nur auf Ihre Atmung konzentrieren.

5. Beobachten Sie den Moment und versuchen Sie, nicht abzuschweifen. Genießen Sie diesen Moment und zwar bewusst.

6. Bevor Sie nun die Meditation beenden, achten Sie darauf, dass Sie nicht plötzlich „hochschnellen", sondern sich dafür Zeit nehmen, um das entspannte Gefühl der Meditation mit in Ihren Tag zu nehmen.

Weitere Achtsamkeitsübungen

Neben der Meditation gibt es weitere Übungen, die Sie ganz leicht in Ihren Alltag integrieren können, um Ihre Achtsamkeit nachhaltig zu steigern.

· Bewusst gehen

- Nehmen Sie eine aufrechte Position ein und achten darauf, dass Sie dabei einen geraden, entspannten Rücken haben. Sie achten nun darauf und spüren, wie sich Ihr Gewicht auf Ihre Füße verteilt und wie diese den Boden berühren.

- Nun geht es daran, den ersten Schritt zu machen. Lassen Sie Ihren Blick zunächst jedoch auf den Boden gleiten, um fokussiert zu sein. Dann machen Sie den ersten Schritt mit Ihrem rechten Fuß. Dabei spüren Sie, wie Ihr Fuß ausholt, wie die Ferse den Boden berührt und fühlen Ihre Zehenspitzen. Das Ganze wird dann natürlich mit dem linken Fuß wiederholt.

- Achten Sie darauf, dass Sie in einer gleichbleibenden Geschwindigkeit gehen. Das sollte etwas langsamer, als normal sein. Ihre ungeteilte Aufmerksamkeit sollte auf Ihrem Gang liegen und die Übung sollte mindestens fünf Minuten lang dauern.

· Bewusst essen

Nehmen Sie sich ab sofort etwas mehr Zeit für Ihre Mahlzeiten und essen Sie bewusst! Diese Übung für den Alltag ist ganz einfach und sollte deshalb stets beim Essen durchgeführt werden.

- Schauen Sie – bevor Sie den ersten Bissen nehmen! – auf Ihren Teller. Achten Sie dabei auf die Farben des Essens, den Geruch und stellen Sie sich den Geschmack vor.

- Dann nehmen Sie den ersten Bissen, kauen mindestens 12 Mal bewusst und fühlen die Texturen des Essens in Ihrem Mund.

· Bewusst einschlafen

Wenn auch Sie oft Probleme beim Einschlafen haben, dann wird Ihnen diese Übung sicherlich helfen – und außerdem trägt diese dazu bei, mehr Achtsamkeit aufzubauen.

- Ungefähr eine Stunde vor dem Schlafengehen sollten Sie alle Lichter ausschalten. Nein, Sie sollten sich nicht im Dunkeln bewegen, es reicht, wenn Sie den Großteil der Lampen und Lichter ausschalten oder einige dimmen. Auf diese Weise vermitteln Sie Ihrem Körper, dass es nun an der Zeit ist, abzuschalten. Suchen Sie sich eine Aktivität, die außerhalb des Schlafzimmers stattfindet – wie zum Beispiel die Lektüre eines guten Buches. Unbedingt gilt es zu vermeiden, auf Displays und Bildschirme zu schauen, denn diese regen das Gehirn an und machen somit wach.

- In etwa 15 Minuten vor dem Schlafengehen nehmen Sie sich einen Moment Zeit für eine Achtsamkeitsübung. Sie können, wie weiter oben beschrieben, meditieren, oder die folgende Achtsamkeitsübung ausprobieren: Setzen Sie sich in einem gemütlichen Sessel in einem Zimmer, das nur schwach beleuchtet ist. Denken Sie an den Umriss Ihres Körpers und fühlen Sie diesen mental.

- Achten Sie auf den Druck, den Sie an den Berührpunkten (mit dem Boden oder dem Sessel) spüren. Sie können mit dem Kopf oder den Füßen beginnen, wichtig ist aber, dass, wenn Sie mit den Füßen anfangen, das Ganze von unten nach oben tun und wenn Sie mit dem Kopf anfangen, das Ganze von oben nach unten ablaufen sollte. Achten Sie auch auf Ihre Ohren, Schultern, Arme und Beine. Wie fühlen sich diese in der Position an?

- Nach der Übung richten Sie sich langsam auf und konzentrieren sich voll und ganz auf Ihre Atmung. Legen Sie sich ins Bett und atmen Sie weiterhin bewusst ein und wieder aus. Sollten Sie nicht einschlafen können, so kehren Sie auf den Sessel zurück und wiederholen Sie die Übung, bis Sie wirklich müde sind.

Dinge, die Sie nicht tun sollten!

Sie haben bereits viel über die positive Psychologie erfahren. Wissen, wie Sie mit Ängsten umgehen und diese eliminieren können, wie innere Blockaden gelöst werden, wie Selbstliebe aufgebaut wird und verfügen über wertvolle Übungen, um Ihre Achtsamkeit zu steigern. In diesem letzten Unterkapitel geht es nun darum, Ihnen aufzuzeigen, welche Dinge Sie keinesfalls tun sollten, wenn Sie tatsächlich glücklich sein möchten.

Jeder Mensch möchte glücklich leben, glücklich sein! Problematisch ist, dass sich dabei viele Personen selbst im Wege stehen. Hier erfahren Sie nun, welche Dinge Sie nicht tun sollten bzw. welche Dinge Sie daran hindern, glücklich zu leben.

- Die Erwartungen der Anderen

Sie müssen nicht immer den Erwartungen der Anderen gerecht werden – es ist schließlich Ihr Leben! Es sollte also darum gehen, dass Sie zufrieden sind! Wenn Ihnen zum Beispiel ein Bekannter dazu rät, Ihren Partner zu verlassen, weil das Singlesein vermeintlich besser ist, dann sollten Sie sich keinesfalls von diesen Vorstellungen leiten lassen! Hören Sie auf sich selbst und werden Sie Ihren eigenen Erwartungen gerecht!

- Sie müssen nicht immer perfekt sein!

Auch übertriebener Perfektionismus führt dazu, dass das Wohlbefinden leidet. Wenn Sie sich – und dies wurde hier schon mehrmals angesprochen – zu schwere Ziele setzen, werden Sie nicht glücklich werden und sich stattdessen nur starkem Stress aussetzen.

- Der ideale Moment

Wenn Sie schon immer ein bestimmtes Ziel hatten, dieses aber immer wieder aufschieben, weil einfach der richtige Zeitpunkt / Moment noch nicht gekommen ist, dann sollten Sie sich darüber Gedanken machen. Hören Sie endlich auf, zu warten und beginnen Sie damit, Ihre Träume zu realisieren! Beachten Sie, dass Sie Ihre Ziele realistisch stecken, um motiviert und am Ball zu bleiben! Der ideale Moment für die Verwirklichung Ihrer Träume ist im Hier und Jetzt! Fangen Sie an!

- Was die anderen denken

Was andere Menschen von Ihnen denken, sollte Ihnen in Zukunft völlig egal sein! Gedanken wie „Wie wird das bei den Anderen ankommen?", „Mache ich mich damit zum Affen?" oder „Wie blöd sehe ich wohl gerade dabei aus?" eliminieren Sie bitte sofort. Andere Personen denken viel weniger über Sie nach, als Sie wahrscheinlich der Meinung sind. Schließlich hat jeder mit seinen eigenen Problemen zu kämpfen. Wenn jemand tatsächlich ein Problem mit Ihrer Person haben sollte, dann liegt das Problem bei der anderen Person – und nicht bei Ihnen. Lassen Sie das Problem der Anderen auch das Problem der Anderen sein und nicht Ihres! Sie werden merken, dass Sie glücklicher leben, wenn Ihnen die Meinung anderer Personen weniger wichtig ist.

- Das Wort „muss" aus dem Wortschatz verbannen

„Ich muss heute noch..." oder „nein, erstmal muss ich noch..." sind Sätze, die suggerieren, dass Sie etwas tun müssen, dass Sie eigentlich gar nicht tun wollen. Werden Sie sich bewusst, dass Sie überhaupt nichts, rein gar nichts tun müssen – außer Nahrung aufnehmen und zur Toilette gehen. Sie haben die Wahl, was Sie tun oder lassen! Hilfreich ist es bereits, wenn Sie das Wort „muss" aus Ihrem Wortschatz verbannen und durch das Wort „möchte" ersetzen: „Nein, erstmal möchte ich noch…" oder „Ich möchte heute noch…". Das mag zunächst komisch klingen, ist aber überaus sinnvoll und Sie werden schon bald feststellen, dass Sie ohne das Wort „muss" freier und glücklicher leben.

- Vergleichen Sie sich nicht mit Anderen – Sie sind einzigartig!

Das ständige Vergleichen mit Anderen sollten Sie schnell abstellen, denn das führt nur dazu, dass Sie sich schlecht fühlen. Welchen tatsächlichen Nutzen bringt Ihnen der Vergleich mit Ihrem Nachbarn, der sich schon wieder ein neues Auto gekauft hat? Sie werden lediglich über Ihre Lebensentscheidungen nachdenken und krampfhaft versuchen, herauszufinden, was Sie falsch gemacht haben – dabei haben Sie keinen Fehler begangen. Was Ihr Nachbar für ein Auto hat oder wie oft er dieses wechselt – wieso interessiert Sie das? Konzentrieren Sie sich von nun an auf sich selbst, gehen Sie Ihren Wünschen und Träumen nach, aber lassen Sie die Vergleiche mit Anderen!

- Schuldgefühle – Nicht übertreiben!

Fehler zu begehen und Schuldgefühle zu haben, ist normal. Dennoch sollten Sie damit nicht übertreiben und sich schon gar nicht als schlechten Menschen bezeichnen! Es bringt Ihnen rein gar nichts, sich ewig für einen Fehler schuldig zu fühlen, das macht nämlich unglücklich! Versuchen Sie, den Fehler zu akzeptieren und – besonders wichtig! – ziehen Sie Ihre Schlüsse daraus und lernen etwas.

- Die Opferrolle ablegen

Manche hatten es mit Sicherheit als Kinder schwerer, als andere. Doch das ist noch lange kein Grund dafür, jegliche Probleme auf eine schwierige Kindheit zu schieben. Ganz typisch ist auch der Satz bzw. Gedanke, dass man von allen nur ausgenutzt wird. Doch es ist überaus wichtig, aus dieser Opferrolle auszubrechen, denn was bringt Ihnen, stets eine Ausrede dafür parat zu haben, dass im Leben nicht alles so gelaufen ist, wie es hätte laufen sollen? Blicken Sie also nicht ständig auf die Vergangenheit, denn diese können Sie sowieso nicht mehr beeinflussen. Schauen Sie in die Zukunft und hören Sie damit auf, sich zu entschuldigen und die Opferrolle einzunehmen. Sie werden sehen, wie Sie daran wachsen werden!

- Auch mal aufräumen!

Das mag Ihnen jetzt banal erscheinen, aber auch das Aufräumen bzw. die Ordnung hat etwas mit dem Glücklichsein zu tun. Gegenstände, die nicht benötigt werden und nur dazu beitragen, dass die Wohnung ein absolutes Chaos ist, müssen entsorgt werden. Diese Dinge verknüpfen Sie wahrscheinlich mit schönen Erinnerungen, aber machen Sie sich bewusst, dass glückliche Menschen nicht hunderte Gegenstände dafür benötigen. Es kommt auf die richtigen Gegenstände an. Manche benötigen sogar (fast) gar nichts, um glücklich zu sein. Das muss kein Beispiel für Sie sein, werfen Sie jedoch mal einen Blick in die Wohnung und überlegen sich, welche Dinge und Gegenstände Sie tatsächlich brauchen und welche hingegen in den Müll wandern sollten. Natürlich können Sie die Gegenstände, die Sie nicht mehr brauchen, auch verschenken.

Abschließende Worte

Liebe Leserin, lieber Leser!

Sie haben dieses Buch nun vollständig gelesen und befinden sich auf dem besten Wege glücklich zu sein. Die Tipps, Tricks, Techniken und Methoden dieses Buches können Sie direkt in der Praxis umsetzen und anwenden. Sie verfügen über ein breites Wissen über Psychologie, wissen, wie Sie Ihr Unterbewusstsein erforschen und konnten Ihre Menschenkenntnisse ausbauen.

Ich lade Sie herzlich dazu ein, die hier vorgestellten Methoden für sich zu nutzen und in der Praxis anzuwenden. Denken Sie immer daran, dass Sie es für sich und vor allem, dass Sie sich damit einen Gefallen tun und dem Glücklichsein nichts mehr im Weg steht.

Alles Gute für Ihre Zukunft,

Ihre Valentina Marie Reiter

KAPITEL EINUNDZWANZIG

Quiz - Testen Sie Ihr Fachwissen

Das beste haben wir uns für den Schluss aufgehoben.

Möchtest Du wissen was Du aus diesem Buch gelernt hast? Dann nutze die Gelegenheit und teste dein Wissen jetzt direkt am Handy! Komplett kostenlos, unverbindlich und garantiert ohne Werbung! Scanne dazu einfach den QR Code!

https://link.cherrymedia.de/CM1QUIZ

Tipp!
Falls Sie nicht wissen, wie das mit dem QR Code funktioniert, haben wir am Ende dieses Buches eine Anleitung für Sie verfasst.

Anleitung QR Code

Kann mein Handy oder Tablet QR Codes scannen?

Um herauszufinden, ob Ihr Gerät QR Codes lesen kann, öffnen Sie die Kamerafunktion und halten Sie sie ein paar Sekunden in Richtung des zu scannenden Codes. Wenn das funktioniert hat, dann erhalten Sie eine Benachrichtigung. Falls nicht, müssen Sie in „Einstellungen" das Scannen von QR Codes erlauben. Wenn Sie hier nichts auswählen können, dann kann Ihr Handy oder Tablet nicht standardmäßig QR Codes scannen. Das bedeutet, dass Sie eine Applikation (App) herunterladen müssen, welche QR Codes lesen kann.

Gehen Sie dazu einfach in Ihren AppStore und suchen Sie nach "QR Code Scanner". Jeder QR Code Scanner, den Sie dort finden, ist geeignet um unsere Codes zu scannen.
Installieren Sie einen QR Code Scanner nach Wunsch, öffnen Sie die App und scannen Sie den im Buch abgebildeten Code um zur Website zu gelangen.

Zugangscode - Kostenfreies e-Book

Gehen Sie auf https://link.cherrymedia.de/EPUB und geben Sie
Ihren Zugangscode ein um Ihr kostenfreies e-Book herunterzuladen.

KD71-LA43-91UJ

48294965R00119

Printed in Poland
by Amazon Fulfillment
Poland Sp. z o.o., Wrocław